Hugo Kaun
Harmonie- und Modulationslehre

SEVERUS

Kaun, Hugo: Harmonie- und Modulationslehre
Hamburg, SEVERUS Verlag 2013
Nachdruck der Originalausgabe von 1915

ISBN: 978-3-86347-670-0
Druck: SEVERUS Verlag, Hamburg, 2013

Der SEVERUS Verlag ist ein Imprint der Diplomica Verlag GmbH.

Bibliografische Information der Deutschen Nationalbibliothek:
Die Deutsche Nationalbibliothek verzeichnet diese Publikation in der
Deutschen Nationalbibliografie; detaillierte bibliografische Daten sind im
Internet über http://dnb.d-nb.de abrufbar.

© **SEVERUS Verlag**
http://www.severus-verlag.de, Hamburg 2013
Printed in Germany
Alle Rechte vorbehalten.

Der SEVERUS Verlag übernimmt keine juristische Verantwortung oder
irgendeine Haftung für evtl. fehlerhafte Angaben und deren Folgen.

Harmonie-
und
Modulationslehre
von
Hugo Kaun

SEVERUS

Eine Vorrede ist immer eine mißliche Sache, denn: ein Werk empfiehlt sich durch sich selbst, bedarf also keines Geleitwortes. -- Erwähnen will ich daher nur, daß mein Buch aus einer mehr als 30 jährigen Praxis hervorgegangen ist. -- Es ist selbstverständlich, daß ich an den Fundamenten, auf welchen unsere großen Meister ihre Ewigkeitswert tragenden Schöpfungen aufgebaut haben, nicht rütteln durfte. Daß aber die Grenzen weiter gesteckt und der Freiheit mehr Spielraum gewährt wurde, ist ebenso natürlich.

Und so möge denn mein Werk für sich selber sprechen!

Ich sende es hinaus mit dem Wunsche, daß es vielen Nutzen bringen und Freude am Studium bereiten möge -- zum Segen unserer Kunst!

Zehlendorf-West im August 1915.

Hugo Kaun.

Inhalt.

	Seite
I. Intervalle	7
Tritonus	9
II. Umkehrung der Intervalle	10
III. Die diatonischen Tonleitern	10
A. Die Dur-Tonleiter	10
B. Die harmonische Moll-Tonleiter	10
C. Der Quintenzirkel	11
D. Enharmonische Verwechselung	11
E. Transposition	11
F. Die verwandte Moll-Tonleiter	12
IV. Benennung der Tonleiter-Stufen	13
V. Die leitereigenen Dreiklänge	14
A. Die leitereigenen Dreiklänge in Dur	14
B. Die leitereigenen Dreiklänge in Moll	14
C. Konsonanzen und Dissonanzen	15
D. Sextakkord und Quart-Sextakkord	15
E. Der verminderte Dreiklang	16
F. Der übermäßige Dreiklang	17
VI. Behandlung der leitereigenen Dreiklänge im 4 stimmigen Satze	17
A. Schreibweise	17
B. Verbindungen der leitereigenen Dur-Dreiklänge untereinander (ohne VII. Stufe)	19
a) Quinten-Parallelen	19
b) Oktaven-Parallelen	19
C. Die erste Umkehrung (Sextakkord)	22
D. Behandlung des verminderten Dreiklangs (VII Stufe)	23
E. Verbindungen der VII. Stufe mit den andern Stufen in Dur	25
F. Behandlung des übermäßigen Dreiklangs (III. Stufe in Moll)	26
G. Der Quart-Sextakkord (II. Umkehrung)	28
VII. Die leitereigenen Septimenakkorde	30
A. Die leitereigenen Septimenakkorde in Dur	30
a) Der Dominant-Septimenakkord	30
b) Die Septimenakkorde auf den anderen Stufen in Dur	30
1) Direkte Auflösung	30
2) Stufenweise Auflösung	31
3) Terzenweise Auflösung	31
B. Die leitereigenen Septimenakkorde in Moll	31
Die melodische Moll-Tonleiter	32
Die Kirchentonarten	33
a) Direkte Auflösung der leitereigenen Septimenakkorde in Moll	34
b) Der verminderte Septimenakkord	34
c) Stufenweise Auflösungen	34
d) Terzenweise Auflösungen	35
e) Fortschreitungen von mehr wie 2 Tönen	35
VIII. Der leitereigene Nonenakkord	35
IX. Behandlung des Dominant-Septimenakkordes und Umkehrungen im 4 stimmigen Satze	36
X. Behandlung des verminderten Septimenakkordes im 4 stim. Satze	39
XI. Behandlung des leitereigenen Septimenakkordes im 4 stim. Satze	41
A. Dur	41
B. Moll	45
XII. Behandlung der Nonenakkorde	47
A) Der Nonenakkord auf der V. Stufe	47
B) Der Nonenakkord auf den anderen Stufen	48

		Seite
XIII.	Kadenzen (Schlüsse)	50
	A. Der Ganzschluss	50
	B. Der zusammengesetzte Schluß	51
	C. Der Kirchenschluß	52
	D. Der Halbschluß	52
	E. Der Trugschluß	52
XIV.	Vorhalte	59
	A. Strenge Vorhalte	59
	B. Frei eintretende Vorhalte (Wechselnoten)	61
	C. Mehrfache Vorhalte	62
XV.	Nachschläge	66
XVI.	Vorausnahme (Anticipation)	66
XVII.	Modulation	68
	A. Nur mit Dur- und Moll-Dreiklängen	68
	a) Benutzung der leitereigenen Dreiklänge	68
	b) Benutzung der Verwandtschaft	69
	B. Hinzunahme des verminderten Dreiklangs	72
	C. Hinzunahme des übermäßigen Dreiklangs	73
	D. Hinzunahme des Dominant-Septimenakkordes	73
	E. Hinzunahme des verminderten Septimenakkordes	76
	F. Hinzunahme der leitereigenen Septimenakkorde	76
	G. Hinzunahme des Nonenakkordes auf der V. Stufe	80
	H. Hinzunahme der leitereigenen Nonenakkorde	82
XVIII.	Der Querstand	83
XIX.	Anwendung von Vorhalten und Trugfortschreitungen in Modulationen	84
XX.	Vorausnahmen und Nachschläge in Modulationen	88
XXI.	Durchgangsnoten	88
XXII.	Der Orgelpunkt	94
	A. Der Orgelpunkt im Bass	95
	B. Der Orgelpunkt in einer Mittel- oder Oberstimme	96
	C. Der unterbrochene Orgelpunkt	98
	D. Der Orgelpunkt auf Tonika und Dominante	99
	E. Der ausgeschmückte Orgelpunkt	101
	F. Terzen und Dreiklänge als Orgelpunkt	102
	Basso ostinato	102
	Passacaglia und Chaconne	102
XXIII.	Alterierungen	103
	A. Alterierte Tonleitern	103
	B. Alterierte Dreiklänge	105
	C. Alterierte Septimenakkorde	105
	Neapolitanische Sexte	107
	D. Alterierte Nonenakkorde	117
	Parallele Quinten	120
XXIV.	Sequenzen	124
	Gradation, Rosalie, Schusterfleck	124
XXV.	Modulation mit Hilfe von Trugschlüssen	127
XXVI.	Enharmonik	129
XXVII.	Sprung der Sexte	131
XXVIII.	Sprünge in der Melodie	133
XXIX.	Die chromatische und Ganzton-Tonleiter	134
	A. Die chromatische Tonleiter	134
	B. Die Ganzton-Tonleiter	135
XXX.	Gebrochene Dreiklänge und Akkorde (Figuration)	139

Harmonie- und Modulationslehre.

I. Intervalle.

Unter Intervall versteht man die Entfernung zwischen zwei Tönen, welche nacheinander oder zu gleicher Zeit erklingen, z. B.

Die Stufen der Dur-Tonleiter bilden folgende Intervalle:

Bei der None, Decime, Undecime u. s. w. ist dasselbe Verhältnis wie bei der Sekunde, Terz, Quarte u. s. w.

Die Intervalle der Dur-Tonleiter sind entweder **rein** oder **groß**. **Reine Intervalle** sind: Prime, Quarte, Quinte und Oktave, **groß** nennt man: ˟Sekunde, ˟Terz, ˟Sexte und ˟Septime.

Durch chromatische Erniedrigung um einen halben Ton* werden die reinen Intervalle zu **verminderten** und die großen zu **kleinen** gemacht, z. B.

---

* Ein halber Ton (Halbton) ist das kleinste Intervall. Man unterscheidet diatonische Halbtöne (c-des) und chromatische (c-cis), d.h. beim diatonischen Halbtonschritt sind die Stufen verschieden.

** Abkürzungen: r. = rein, gr. = groß, verm. = vermindert, kl. = klein und überm. = übermäßig.

Durch chromatische Erhöhung um einen halben Ton werden **sämtliche Intervalle übermäßig**, z. B.

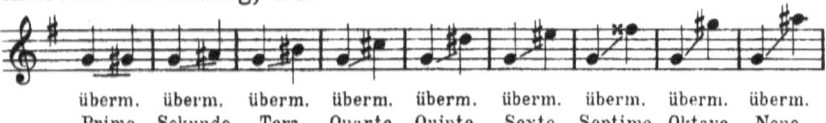

Zusammenstellung der bisherigen Intervalle auf D:

Erniedrigt man ein Intervall um einen ganzen Ton*, so werden aus den reinen Intervallen **doppelt-verminderte** und aus den großen verminderte, z. B.

Erhöht man ein Intervall um einen ganzen Ton, so nennt man es **doppelt-übermäßig**, z. B.

---

* Ein ganzer Ton (Ganzton) besteht aus zwei halben Tönen. Die gr. Sekunde c-d ist demnach ein Ganzton (c-cis und cis-d). Die Unterscheidung der Halbtöne in kleine und große hat für die Praxis keinen Wert (c-cis kleiner Halbton, c-des großer Halbton, da bei letzterem die Stufen verschieden sind). Siehe Seite 7.

Der Schüler bilde Intervalle auf allen chromatischen Tönen.
Die übermäßige Quarte besteht aus drei Ganztönen; sie wird Tritonus genannt, z. B. c - fis = c - d + d - e + e - fis.
Die Intervalle werden durch Zahlen gekennzeichnet, z. B. Prime mit 1, Sekunde mit 2, Terz mit 3, Quarte mit 4 u. s. w.

II. Umkehrung der Intervalle.

Die Umkehrung eines Intervalls erhält man, wenn
a) der obere Ton eine Oktave tiefer oder
b) der untere eine Oktave höher gesetzt wird, z. B.

Umkehrungen:

III. Die diatonischen Tonleitern.

A) Die Dur-Tonleiter,

aus acht Stufen bestehend, zeigt von der 3. zur 4. und von der 7. zur 8. Stufe **Halbtöne**, sonst nur **Ganztöne**.

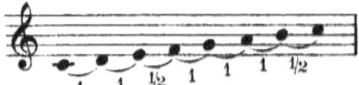

B) Die harmonische Moll-Tonleiter*

unterscheidet sich von der Dur-Tonleiter nur durch die 3. und 6. Stufe, welche in Moll um einen halben Ton erniedrigt sind.

Dur

Moll

Anders ausgedrückt: In Dur sind Terz und Sexte groß und in Moll klein. Die harmonische Moll-Tonleiter geht abwärts ebenso wie aufwärts.

Man kann auf jedem Ton eine Dur- oder Moll-Tonleiter aufbauen. Tut man das, von C anfangend und immer im Intervall der reinen Quinte aufwärts schreitend, so erhält man den Quintenzirkel.

---

* Über die melodische Moll-Tonleiter später.

C) Der Quintenzirkel.

u. s. w.

Dasselbe abwärts: C, F, B, Es, As, Des, Ges, Ces, Fes u. s. w.

Da in unserem temperierten System his = c, fisis = g u. s. w. klingen, so wird man natürlich die einfachere Notierung wählen, d. h. man wird anstatt Gis- und Dis-dur lieber As- resp. Es-dur schreiben. Dieses Verfahren nennt man

D) Enharmonische Verwechselung.

enharmonisch gleich:

Ebenso ist jeder einzelne Ton auf verschiedenen Stufen enharmonisch möglich.

In der Praxis werden drei Varianten meist genügen, jedoch sind auch vier resp. fünf Stufen denkbar.

Die entfernteren Tonarten Gis, Dis, Ais u. s. w. bildet man am leichtesten durch

E) Transposition.

So erhält man Cis-, Gis- und Dis dur, indem man C-, G-, und D dur um einen halben Ton höher transponiert, d. h. man setzt vor jede Note

---

* Siehe: Bach „Wohltemperiertes Klavier" Fuga III, Cis dur.
** Siehe: Middelschulte „Canons und Fuge" Seite 47.
*** Mehr wie zwei Be oder zwei Kreuze sind sehr selten, geschweige denn vier.
 + Siehe: J. L. Nicodé, Violoncell-Sonate Op. 25 Seite 13. Er schreibt sogar zwei Doppelkreuze, meint aber eine dreifache Erhöhung.

der ursprünglichen Tonart ein Kreuz. Ist in der letzteren bereits ein Kreuz vorhanden, so wird daraus ein Doppelkreuz.

u. s. w.

Ebenso erhält man Ces= und Fes dur, indem man C= und F dur einen halben Ton **tiefer** transponiert d. h. ein Be vor jede Note der letzteren Tonarten setzt.

Es ist notwendig, daß der Schüler diese Skalen beherrscht. Er wird dann nicht nötig haben, den Mittelsatz der Romanze aus Chopin's E moll-Konzert oder Bach's Cis dur Praeludien und Fugen transponiert zu spielen. (Siehe auch Chopin's Polonaise-Fantasie: Ais dur). Je eine Dur- und Moll- Tonleiter haben dieselbe Vorzeichnung. Man nennt sie **verwandt**.

F) Die verwandte Moll-Tonleiter

liegt eine kleine Terz unter der Dur-Tonleiter.

Demnach ist verwandt: C dur — A moll
                        G dur — E moll
                        D dur — H moll
                        A dur — Fis moll
                        E dur — Cis moll
Ces dur — As moll ←——→ H dur — Gis moll
Ges dur — Es moll   Fis dur — Dis moll
Des dur — B moll   Cis dur — Ais moll
As dur — F moll
Es dur — C moll
B dur   — G moll
F dur   — D moll

Z. 10245

Der Schüler bilde sämtliche Tonleitern, wie sie in dem nachstehendem Quintenzirkel angegeben sind:

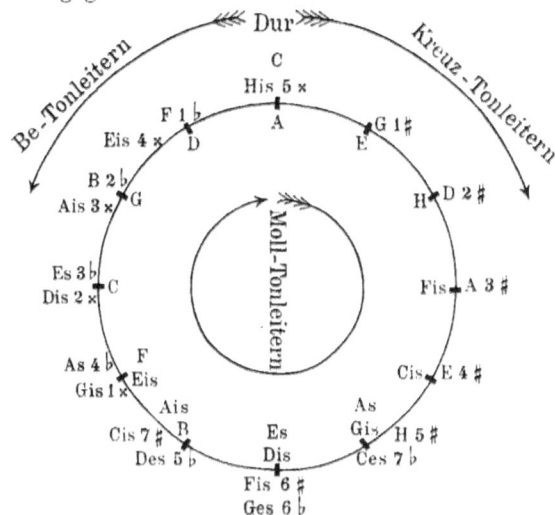

IV. Benennung der Tonleiter- Stufen.

Jede Stufe der Tonleiter hat einen besonderen Namen.
Die erste Stufe heißt Tonika oder Grundton.
„ zweite „ „ Wechseldominante.
„ dritte „ „ Mediante.
„ vierte „ „ Unter- Dominante.
„ fünfte „ „ Dominante.
„ sechste „ „ Unter- Mediante.
„ siebente „ „ Leitton.

Hierzu ist zu bemerken, daß die Unter- Dominante eigentlich die fünfte, die Unter-Mediante die dritte und der Leitton die zweite Stufe abwärts sind. Also in C dur:

Im nächsten verwandtschaftlichen Verhältnis stehen Tonika und Dominante (Vater: Tonika und Mutter: Dominante), wozu dann noch die Unter- Dominante tritt.
Der Leitton leitet in die Tonart (also: untere kleine Sekunde).

V. Die leitereigenen Dreiklänge.

Zusammenklänge (Harmonien), welche nur aus übereinander liegenden Terzen bestehen, nennt man **Grund- oder Stamm-Akkorde**.

Zwei übereinander liegende Terzen bilden einen **Dreiklang**.

Die Dreiklänge, welche auf den Stufen der diatonischen Tonleiter gebildet sind, heißen **leitereigene**.

A) Die leitereigenen Dreiklänge auf den Stufen der Dur-Tonleiter:

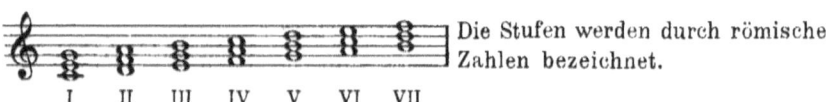

Die Stufen werden durch römische Zahlen bezeichnet.

Dieselben weisen drei verschiedene Gattungen von Dreiklängen auf, bedingt durch die Lage und Verschiedenartigkeit der Terzen. Auf den Stufen I, IV und V finden wir eine große Terz **unten** und eine kleine **oben**; sie werden **Dur-Dreiklänge** genannt.

Dagegen liegt bei den Dreiklängen auf der II, III und VI Stufe umgekehrt die kleine Terz **unten** und die große Terz **oben**; sie heißen: **Moll-Dreiklänge**.

Der Dreiklang auf der VII Stufe besteht aus zwei kleinen Terzen. Man nennt ihn **verminderter Dreiklang** (wegen der verm. Quinte, welche ihn umschließt).

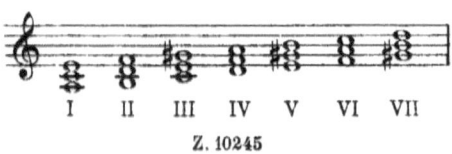

B) Die leitereigenen Dreiklänge auf den Stufen der Moll Tonleiter:

Auf der I und IV Stufe: Moll-Dreiklänge
„   „ V „ VI   „   Dur-Dreiklänge
„   „ II „ VII   „   Verminderte-Dreiklänge.

Neu ist demnach der Dreiklang auf der III Stufe, der aus zwei großen Terzen besteht und **übermäßiger Dreiklang** (wegen der überm. Quinte) heißt.

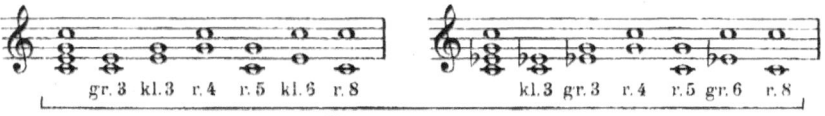

C) Die Dur- und Moll-Dreiklänge enthalten in ihren Intervallen sämtliche **Konsonanzen**, sie bedürfen daher keiner Auflösung.

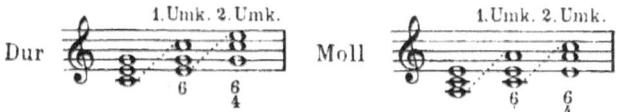

Konsonanzen

Alle hier nicht angeführten Intervalle sind demnach **Dissonanzen**.

Der Unterschied zwischen einem Dur- und Moll-Dreiklang liegt also in der Terz, welche in Dur groß und in Moll klein ist, beiden gemeinsam ist die reine Quinte.

D) Wenn man den Grundton eines Dreiklanges eine Oktave höher setzt, so erhält man die **erste Umkehrung** desselben. Sie wird **Sextakkord** genannt und mit einer 6 beziffert. Im Sextakkord bildet die Terz des Grund-Dreiklanges das Fundament. Durch Erhöhung dieser Terz-ebenfalls um eine Oktave- erhalten wir die zweite Umkehrung, **Quart-Sextakkord**, welche als Grundton die Quinte des Stamm-Dreiklanges hat; sie wird $\frac{6}{4}$ beziffert.

Der Sextakkord besteht also aus Terz und Sexte, der Quart-Sextakkord aus Quarte und Sexte.

Der Dreiklang wird **nicht** beziffert.

Ein Versetzungszeichen ohne Intervallangabe bezieht sich stets auf die Terz. Die Bezifferungen (Signaturen) der Bässe (Generalbaß) werden in der Praxis seit dem Ende des 18. Jahrhunderts nicht mehr von den Komponisten angewendet. Dagegen bilden sie- maßvoll gegeben- in dem

theoretischen Unterricht ein vortreffliches Übungsmaterial.*
Z. B.

Der Schüler bilde die Dur- und Moll-Dreiklänge mit Umkehrungen in allen Tonarten, wie sie sich aus dem Quintenzirkel ergeben.

E) Der verminderte Dreiklang

besteht aus der kl. Terz und verm. Quinte, ist also dissonierend und bedarf demnach einer Auflösung. Letztere geschieht in folgender Weise: Der Grundton (Leitton) steigt, die Terz fällt oder steigt und die Quinte fällt, z. B.

Da die verminderten Dreiklänge auf der VII Stufe in Dur und Moll gleich sind, so ist auch die Auflösung nach Moll möglich z. B.

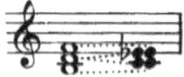

Auch von diesem Dreiklang giebt es zwei Umkehrungen, welche ebenfalls Sextakkord und Quart-Sextakkord heißen. Man spricht dann von dem Sext- oder Quart-Sextakkord des verminderten Dreiklangs, z. B.

---

* Außerdem ist die Kenntnis des Generalbasses zum Studium der Werke alter Meister unentbehrlich.

Verminderte Intervalle werden mit ⋀ bezeichnet, übermäßige durch einen Strich durch die Zahl, z. B.

Auch die verminderten Dreiklänge sind in sämtlichen Tonarten zu bilden.

F) Der übermäßige Dreiklang

besteht aus großer Terz und übermäßiger Quinte (daher der Name), ist also auch dissonierend und bedarf einer Auflösung. Letztere geschieht dadurch, daß die übermäßige Quinte steigt.

Die erste Umkehrung ist wieder ein Sextakkord und die zweite ein Quart-Sextakkord. Da der übermäßige Dreiklang auf der III Stufe in Moll steht, so ist er auch nur in allen Moll-Tonarten zu bilden.*

VI. Behandlung der leitereigenen Dreiklänge im vierstimmigen Satze.

A) Schreibweise.

Im vierstimmigen Satze ist es nötig, einen Ton des Dreiklangs zu verdoppeln. Am besten eignen sich dazu Tonika und Quinte. Die Terz-Verdoppelung, die eine gewisse Härte aufweist, ist statthaft, wenn die Stimmen in Gegenbewegung fortschreiten (oder auch, wenn bestimmte klangliche Wirkungen beabsichtigt sind). Man kann die vier Stimmen so einteilen, daß drei davon im Diskant liegen, während die vierte dazu den Baß bildet. Diese Schreibweise nennt man: **Enge Harmonie** (Klaviersatz). Sind dagegen die vier Stimmen so geordnet, daß zwei im Diskant und zwei im Baß notiert sind, so spricht man von: **Weiter Harmonie** (Chorsatz).

Es ist für den Schüler durchaus wichtig, alle Arbeiten zunächst in

---

* Über andere Möglichkeiten später.

weiter Harmonie d. h. also im Satz für gemischten Chor (Sopran, Alt, Tenor und Baß) anzufertigen.

Wer einen guten Chorsatz zu schreiben vermag, wird auch im rein Instrumentalen etwas leisten. Umgekehrt ist das meist nicht der Fall. Durch die stetige Anwendung der engen Harmonie und durch das jahrelange „Aussetzen bezifferter Bässe" werden die Schüler zur Unselbständigkeit erzogen, sodaß sie am Schluß ihrer Studien oft nicht einmal eine eigene einfache Modulation anfertigen können.

Dreiklänge in enger Harmonie vierstimmig:

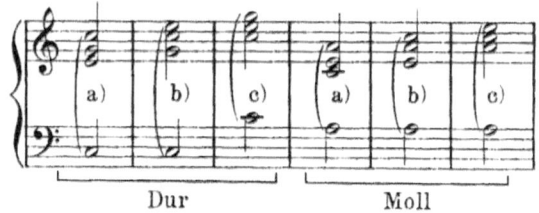

a) Dreiklänge in der Oktav-Lage.
b)   „   „   „ Terz-Lage.
c)   „   „   „ Quint-Lage.

Beim Aussetzen der Dreiklänge in weiter Harmonie, also für gemischten Chor, ist besondere Rücksicht auf den Umfang der Stimmgattungen zu nehmen. Es empfiehlt sich, die in folgendem angegebenen Grenzen* vorläufig nicht zu überschreiten.

Die eingeklammerten Noten sind nur **ausnahmsweise** anzuwenden.

Im Violinschlüssel notierte Noten für den Tenor klingen eine Oktave tiefer als sie geschrieben sind.

Der leichteren Übersicht wegen schreiben wir vorläufig Tenor und Baß auf demselben System, also im Baßschlüssel. Der Tenor klingt dann wie er geschrieben ist.

Verschiedene Stellungen des C dur- und A moll-Dreiklanges in weiter

---

* In jedem Chor finden sich einige Stimmen, welche die hier gezogenen Grenzen zu überschreiten vermögen, sie bilden aber immer die Ausnahmen. Die heutzutage so oft beliebte Manier, Stimmen wie Blasinstrumente zu behandeln, ist auf jeden Fall verwerflich.

Harmonie:

u. s. w.

Der Schüler übe sich im Aussetzen von Dreiklängen in enger und weiter Harmonie. Bei allen Arbeiten ist es ratsam, auch entferntere Tonarten zu berücksichtigen.

B) Verbindungen der leitereigenen Dur-Dreiklänge
untereinander (mit Ausnahme der VII Stufe).

Die Dreiklänge auf den Stufen der Dur-Tonleiter können beliebig einander folgen. Daß die I, IV und V Stufe d. h. die Dreiklänge auf Tonika, Unter-Dominante und Dominante im nächsten verwandtschaftlichen Verhältnis stehen, ist schon früher bemerkt worden und wir werden davon noch einmal (bei den Kadenzen) sprechen.

Eine gute Stimmführung beruht hauptsächlich auf der Gegenbewegung, da durch diese am leichtesten fehlerhafte Fortschreitungen vermieden werden. Zu den letzteren zählen:

a) **Quinten-Parallelen,**
b) **Oktaven-Parallelen.**

Die Parallelen entstehen, wenn zwei korrespondierende Stimmen im Intervall der reinen Quinte oder reinen Oktave fortschreiten, z. B.

a) Quinten-Parallelen zwischen Baß und Tenor
b) „   „   „   Baß und Sopran
c) Oktaven-Parallelen   „   Baß und Alt
d) Quinten-Parallelen   „   Baß und Tenor und
   Oktaven-Parallelen   „   Baß und Alt.

Z. 10245

Der besseren Stimmführung wegen kann ausnahmsweise im Dreiklang die Quinte + fehlen, z. B.

Ebenso bleibt auch öfters die Terz fort, sodaß nur die reine Quinte erklingt, z. B.

Die alten Meister schlossen häufig ihre Chorsätze mit der reinen Quinte* (Mozart, Requiem). Daß Quinten- und Oktaven-Parallelen von allen **Meistern** geschrieben wurden, ändert nichts an dem Verbot: Quod licet Jovi u. s. w.

Der Schüler hat zunächst einen **reinen Satz** kennen zu lernen und in diesem Quinten- und Oktaven-Parallelen** zu vermeiden.

———— ✱ ————

Verbindungen der I, II, III, IV, V und VI Stufe:

---

* Da reine Prime, Quinte und Oktave vollkommene Konsonanzen sind.
** Später mehr darüber.

21

Wir erfahren aus vorstehenden Beispielen, daß Dreiklänge auf verschiedenen Stufen gemeinsame Töne aufweisen. So besteht z. B. der Dreiklang auf der I Stufe aus den Tönen c e g und der auf der III Stufe aus den Tönen e g h, gemeinsame Töne sind demnach e und g.

Es ist im Anfang geraten, diese Töne durch Bindung zu halten. Eine Ausnahme macht nur die Baßstimme, welche stets in Bewegung bleiben muß.

Haben zwei Stufen keine gemeinsamen Töne, so ist unter allen Umständen die Gegenbewegung anzuwenden.

Der Schüler verbinde die leitereigenen Dreiklänge (I-VI Stufe) verschiedener Dur-Tonarten und achte darauf, daß er sie in verschiedenen Lagen anwendet.

Verbindungen der Stufen I-VI in G dur.
In der Oktavlage angefangen:

Dasselbe in der Terzlage angefangen:

Dasselbe in der Quintlage angefangen:

C) Die erste Umkehrung - Sextakkord.

Da im Sextakkord die Terz im Baß liegt, so wird man den Baßton nicht verdoppeln. Ausnahmen sind statthaft, wenn die Stimmen in Gegenbewegung fortschreiten oder wenn zwischen Baß und Tenor keine andere Stimme liegt. (Schließlich mag man die Verdoppelung der Terz ausnahmsweise anwenden, wenn eine künstlerische Absicht – scharfe Akzente! – vorliegt).

Verschiedene Stellungen des Sextakkordes:

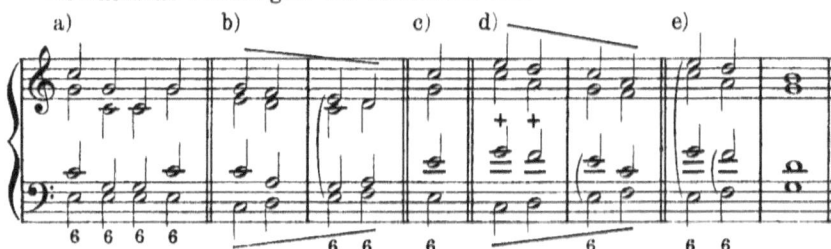

a) Keine Verdoppelung des Baßtons.
b) Baßton-Verdoppelung in der Gegenbewegung.
c) Verdoppelung des Baßtons im Tenor.
d) Gegenbewegung und Baßton-Verdoppelung im Tenor. Dieses Beispiel ist für uns neu, da die Entfernung zwischen Baß und Tenor mehr wie eine Oktave beträgt. Dieser Fall kann eintreten, wenn die drei Oberstimmen eng aneinander liegen. Als allgemeine Regel merke man,

daß der **Abstand von einer Stimme zur nächsten** nicht mehr wie eine Oktave sein sollte.
e) Zwei hintereinander folgende Sextakkorde mit verdoppeltem Baßton.
Der Sextakkord kann stets anstelle des Dreiklangs treten, namentlich bei öfterem Wiederholen desselben Melodietones. Am Schluß steht jedoch der Dreiklang.

Verbindungen der Dreiklänge auf Stufen I-VI, untermischt mit Sextakkorden:

Dasselbe Beispiel als gegebener (bezifferter) Baß:

Der Schüler setze dieses Beispiel, in der Terz- und Quintlage anfangend, aus.

D) Behandlung des verminderten Dreiklanges
(VII Stufe).

Im vierstimmigen Satze ist dieser Dreiklang am besten in seiner ersten Umkehrung (Sextakkord) zu verwenden. Am häufigsten findet man den Grundton des letzteren verdoppelt, jedoch eignen sich auch Terz und Sexte dazu (oft bedingt durch die Melodieführung). In diesem Falle ist die Auflösung, um Oktaven zu vermeiden, eine unregelmäßige. Die Septime der Tonart verliert dann den Leitton-Charakter (o, p, q).

24

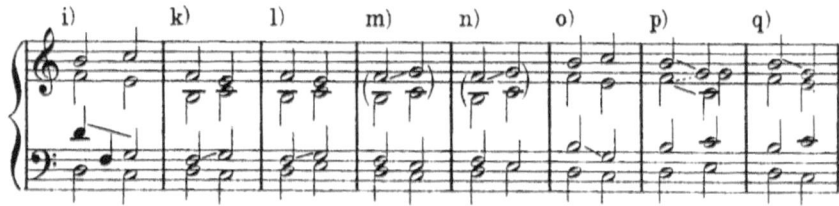

a) Regelrechte Auflösung; es fehlt aber in letzterer die Quinte.
b) Im Tenor unregelmäßig – die verm. 5 nach oben. Sehr gut (namentlich wenn letztere in einer Mittelstimme liegt), da dadurch der volle Dreiklang erzielt wird.
c) Reguläre Auflösung. Klaviersatz.
d) Im Alt unregelmäßig. Diese Auflösung wäre gut, wenn nicht der Baßton zu weit vom Tenor läge. Sie ist daher nicht gut als Schluß zu gebrauchen. Besser ist es daher, wie in
e) zu schreiben.
f) Sprung im Tenor. Gut.
g) Auflösung nach dem Sextakkord. Im Alt unregelmäßig.
h) Verdoppelung der verm. Quinte (Terz im Sextakkord). Unregelmäßig im Tenor.
i) Sextensprung im Tenor. Sehr reizvoll im Chor.
k) Engere Lage der Stimmen.
l) Gegenbewegung zum Sextakkord mit verdoppeltem Baßton.
m) Sopran unregelmäßig – verm. 5 aufwärts. Sopran und Alt schreiten von einer verminderten zur reinen Quinte.* Selten.**
n) Dieselbe Auflösung zum Sextakkord.
o) Verdoppelung des Leittons. Gut, wenn er, wie hier, in einer Mittelstimme liegt.
p) Sprung des Leittons im Sopran zur Quinte und der verm. 5 im Alt zur Tonika oder Quinte. Auflösung Sextakkord. Gut!
q) Sprung des Leittons im Sopran zur Quinte. Auflösung: Dreiklang. Der Leitton verliert hier seinen Charakter als solcher (durch die melodische Linie bedingt).

Aus den angeführten Beispielen ersieht man, daß in der Praxis die **Ausnahmen** zur Regel werden können. Im übrigen entscheidet hier, wie in jedem anderen Falle, der subjektive Geschmack.

---

* Die Fortschreitung der reinen zur verminderten Quinte ist immer gut:    **

Der Schüler möge sich mit den verminderten Dreiklängen und deren Anwendung recht vertraut machen. Ihr Charakter ist männlich, kräftig und so sind sie oft den weichlicheren Dominant-Septimenakkorden vorzuziehen.

E) Verbindungen der VII Stufe mit der II, III, IV, V und VI Stufe in Dur.

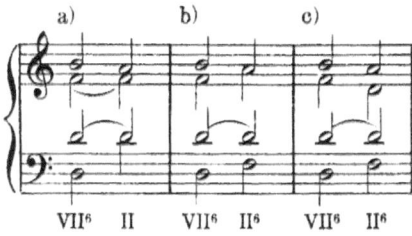

a) Gemeinsame Töne im Alt und Tenor. Der Baß springt in die Oktave, um die Wiederholung desselben Tones zu vermeiden. Aus letzterem Grunde sind daher die Fortschreitungen zum Sextakkord b) und c) eventuell vorzuziehen.

d) Gemeinsamer Ton im Tenor. Der Leitton hat seinen Charakter vollständig verloren.
e) und f) Verdopplung des Baßtons u. Gegenbewegung.
g) Fortschreitung zum Sextakkord.

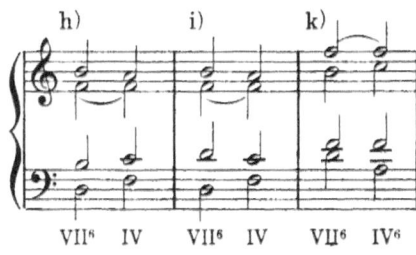

h) und i) Gemeinsamer Ton f.
k) Fortschreitung zum Sextakkord.

l) Gemeinsamer Ton h.
m) Gegenbewegung.
n) Fortschreitung zum Sextakkord.

Z. 10245

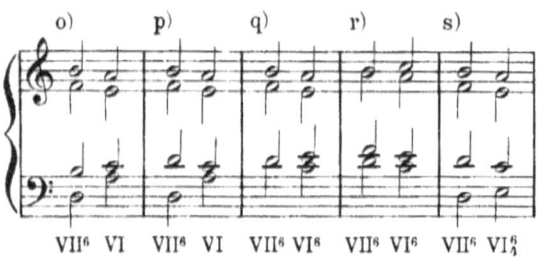

o) und p) Gegenbewegung, kein gemeinsamer Ton.
q) Fortschreitung zum Sextakkord.
r) Dieselbe in Gegenbewegung (Verdoppelung des Baßtons).
s) Fortschreitung zum Quart-Sextakkord.

Es bleibt dem Schüler überlassen, weitere Verbindungen, die sich aus den verschiedenen Lagen der Dreiklänge ergeben, herzustellen. Selbstverständlich ist es, daß die Tonarten häufig gewechselt werden.

F) Behandlung des übermäßigen Dreiklangs in Moll
(III Stufe).

Bei Anwendung des übermäßigen Dreiklanges im vierstimmigen Satze ist es am besten, den Grundton oder die Terz desselben zu verdoppeln, da die übermäßige Quinte Leittoneigenschaft hat und bei Verdoppelung derselben Oktaven entstehen würden.

a) Auflösung des übermäßigen Dreiklangs in die I Stufe
d. h. in den tonischen Dreiklang.

u. s. w.

b) Fortschreitungen des übermäßigen Dreiklangs
in die II, IV, V, VI und VII Stufe.

III zur II Stufe. Da letztere
ein verm. 3 ist, so wenden wir
am besten die 1. Umkehrung
desselben an.

III zur IV Stufe. Bei diesen
Verbindungen ist die Fortschreitung der überm. zur
r. Quinte (c - gis zu d - a)
zu vermeiden.

III zur V Stufe.

III zur VI Stufe
(häufig). Die drei
letzten Beisp. mit
Melodiesprüngen.

---

* Da unserer Harmonielehre die harmonische Moll-Tonleiter zu Grunde liegt, so heißt natürlich der Dreiklang auf der III Stufe in Moll c, e, gis; er ist also nicht alteriert, durch Durchgang u.s.w. entstanden. Ohne die Annahme des Leittons ist unser modernes Tonleitersystem einfach unmöglich. Über Kirchentonarten, in welchen, mit Ausnahme des jonischen und lydischen Kirchentons, die Septime klein ist, später mehr.

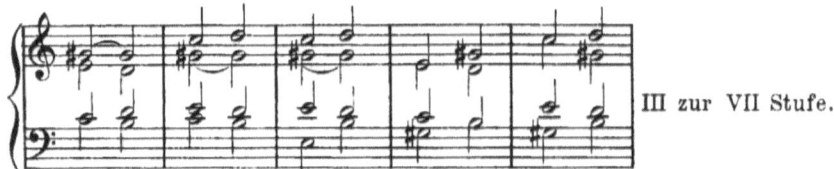
III zur VII Stufe.

c) Verbindungen der leitereigenen Dreiklänge in Moll untereinander:

I IV VII⁶ I III⁶ VI II⁶ V III VI IV V I

Der Schüler analysiere dieses Beispiel und fertige selber zahlreiche an.

G) Der Quart-Sextakkord

bedarf der Einführung resp. Weiter-Entwicklung, er ist also unselbständig. Seine Verwendung ist hauptsächlich in den Kadenzen (siehe später).

Im vierstimmigen Satze verdoppelt man meistens den Grundton a) (Quinte des Dreiklangs), seltener die Quarte (Tonika des Dreiklangs) b).

Die Sexte (Terz des Dreiklangs) fordert, wenn man sie verdoppelt, Gegenbewegung in zwei korrespondierenden Stimmen c).

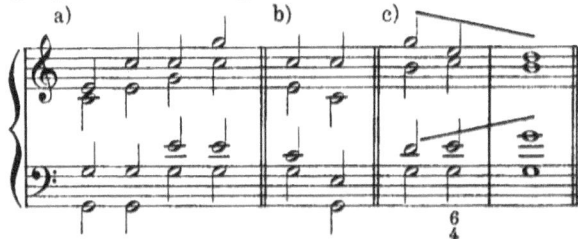

Sehr gut ist der Quart-Sextakkord anzuwenden, wenn er auf **unbetontem** Taktteil erscheint und die Außenstimmen in Gegenbewegung fließen, z. B.

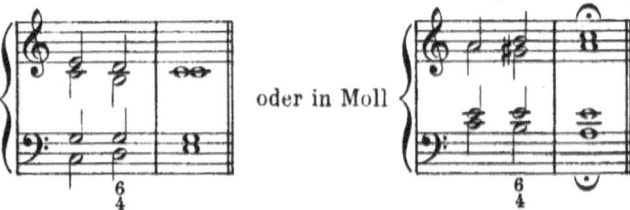

oder in Moll

Verbindungen der sieben Stufen der Dreiklänge mit Umkehrungen:

In G dur

Bezifferter Baß desselben Beispiels (mehrfach auszusetzen):

In E moll

Bezifferter Baß desselben Beispiels (mehrfach auszusetzen):

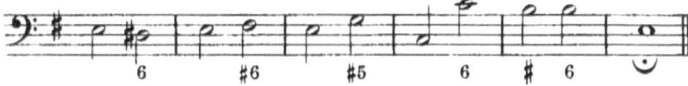

Einige Bässe, die der Schüler aussetzen möge:

In F dur

In D moll

In A dur

In Fis moll

VII. Die leitereigenen Septimenakkorde.

A) Die leitereigenen Septimenakkorde in Dur.

Alle Grund- oder Stammakkorde bestehen aus übereinander liegenden Terzen. Bilden wir auf den sieben Stufen der Dur-Tonleiter drei Terzen, so erhalten wir die leitereigenen Septimenakkorde.

I II III IV V VI VII

Der am häufigsten angewandte ist der auf der V Stufe, genannt

a) Dominant-Septimenakkord.

Derselbe besteht aus der gr. Terz, r. Quinte und kl. Septime.

Er löst sich folgendermaßen auf: Der Grundton fällt (oder steigt) zur Tonika* oder bleibt liegen, die Terz steigt, die Quinte fällt oder steigt und die Septime fällt:

Bezifferung: $\frac{7}{5}$

Die erste Umkehrung besteht aus Terz, Quinte und Sexte, sie heißt: Quint-Sextakkord (beziffert $\frac{6}{5}$), die zweite Umkehrung, ihren Intervallen entsprechend: **Terz- Quart-Sextakkord** (beziffert $\frac{6}{4}{3}$) und die dritte Umkehrung, gebildet aus Sekunde, Quarte und Sexte, kurz: **Sekundakkord** (beziffert 2).

Stammakkord   1. Umkehr.   2. Umkehr.   3. Umkehr.

b) Die Septimenakkorde auf den anderen Stufen der Dur-Tonleiter mit Auflösungen.

Von diesen Akkorden sind verschiedenartige Auflösungen zum tonischen Dreiklang möglich.

1) Die direkte Auflösung:

I   II   III   IV   VI   VII

---

* Grundton des tonischen Dreiklangs.
** Die Fortschreitung d-c ist nur in der ersten und zweiten Umkehrung möglich, sonst ergeben sich parallele Quinten.

Sie ist sehr einfach, wie man sieht: Die mit dem tonischen Dreiklang gemeinsamen Töne bleiben liegen, die anderen schreiten diatonisch auf- oder abwärts.

2) **Die stufenweise Auflösung.**

Wir lassen jeden Ton einzeln diatonisch abwärts schreiten, bis wir einen Dominant-Septimenakkord oder eine Umkehrung desselben erreichen, dann erfolgt die direkte Auflösung, z. B.

Auch der Septimenakkord auf der V Stufe läßt sich in gleicher Weise behandeln, z. B.

Die Septime (h) hat in diesen Auflösungen ihren Leitton-Charakter nur am Schluß.

3) **Terzenweise Auflösungen.**

Weitere Auflösungen später.

B) Die leitereigenen Septimenakkorde in Moll.

Bevor wir näher auf die vorliegende Materie eingehen, ist es notwendig, einige Bemerkungen über unsere Moll-Tonarten zu machen, die sich aus der Praxis ergeben. Die harmonische Moll-Tonleiter, welche unserem modernen Harmoniesystem zu Grunde liegt, wird abgeleitet von den

Dreiklängen auf der Tonika (Moll), Unter-Dominante (Moll) und Dominante (Dur).

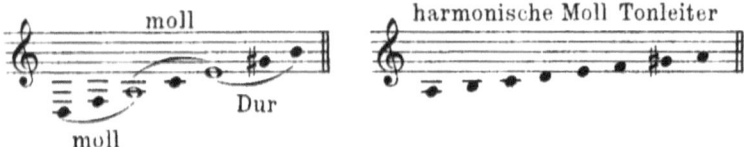

Diese Tonart entspricht dem äolischen Kirchenton mit erhöhter Septime, welch letztere einen unserem modernen Empfinden möglichen Schluß gestattet.

Der übermäßige Sekundenschritt von der 6.-7. Stufe stört sicherlich nicht so wie eine Folge von **vier Ganztönen**, welche die sogenannte **melodische Moll-Tonleiter** aufweist.

Melodische Moll-Tonleiter aufwärts:

Man beachte auch, daß diese Reihe von Ganztönen einen Tritonus von c-fis und einen von d-gis ergibt. Und der Tritonus ist ja im strengen Satz verboten!

Dann denke man an das Unglück, das entstehen **muß**, wenn diese Moll-Tonleiter in Terzen erklingt: drei große Terzen hintereinander, (die ebenfalls streng verpönt waren)!

Weiterhin kann ich auch nicht einsehen, daß die **Intonation** dieser Skala leichter sein sollte als die der harmonischen.* Und praktische Gründe waren doch bei Aufstellung derselben maßgebend. Dazu kommt noch, daß sie abwärts anders lautet wie aufwärts, nämlich wie die **verwandte Dur-Tonleiter**, z. B.

Demnach besteht die melodische Moll-Tonleiter eigentlich aus zwei Tonarten (gehört also eher unter die „alterierten") und kann abgeleitet

---

* Eine langjährige Tätigkeit als Chorleiter hat mich vom Gegenteil überzeugt.

werden: aufwärts vom dorischen Kirchenton (mit erhöhter Septime) und abwärts vom äolischen Kirchenton.

Die Kirchentonarten:

jonisch

dorisch

phrygisch

lydisch

mixolydisch

äolisch

hypophrygisch

Eine Einigung über diese Fragen wird schwerlich erzielt werden; hier kommt es nur darauf an, daß der Schüler die Materie praktisch verwerten lernt.

Fassen wir also das Resultat unserer kurzen Erörterung in folgendem zusammen:

1) Die für unsere moderne Harmonik gebräuchliche Moll-Tonleiter ist die harmonische. Sie enthält den Leitton.

2) Das Fundament* für diese Moll-Tonleiter finden wir in den Kirchentonarten, welche die kleine Septime aufweisen, wie sie auch heute noch in den National-Gesängen mancher Völker erklingt (Norwegen,** Indianer u. s. w).

---

* So erklärt es sich auch, daß die Moll-Tonarten dieselbe Vorzeichnung haben wie die verwandte Dur-Tonart, z. B. A moll (äolisch) verwandt mit C dur.

** Grieg, G moll Quartett u. s. w.

Z. 10245

3) Die kleine Septime muß benutzt werden, wenn die Stimmen stufenweise abwärts schreiten (c).

a) **Direkte Auflösung** der Septimenakkorde in Moll.

Die gemeinsamen Töne (mit dem tonischen Dreiklang) bleiben liegen, die anderen gehen diatonisch auf- oder abwärts.

Der Septimenakkord auf der V Stufe ist in Dur und Moll derselbe.

Auf der VII Stufe entsteht

b) **der verminderte Septimenakkord,** welcher aus 3 übereinander liegenden kleinen Terzen besteht. Die Umkehrungen heißen (wie beim Dominant-Septimenakkord): Quint-Sextakkord, Terz-Quart-Sextakkord und Sekundakkord, z. B.

c) **Stufenweise Auflösungen. Große** Septime, da die Stimmen stufenweise abwärts schreiten. Der Leitton nur am Schluß.

Wir konnten auch mit dem verminderten Septimenakkord (+) schließen.

d) Terzenweise Auflösungen.

e) Selbst **drei Töne**, ja der **ganze Akkord**, lassen sich stufenweise weiterführen, z. B.

In den ersten drei Beispielen ist die Lage des Septimenakkordes geändert wegen der sonst sich ergebenden parallelen Quinten.

VIII. Der leitereigene Nonenakkord.

Der leitereigene Nonenakkord entsteht, wenn man dem Septimenakkorde oben eine Terz hinzufügt. Er besteht also aus vier übereinander liegenden Terzen.

Der gebräuchlichste ist der Nonenakkord auf der V Stufe, der nach der None kleiner- oder großer Nonenakkord genannt wird.

Auflösungen desselben:

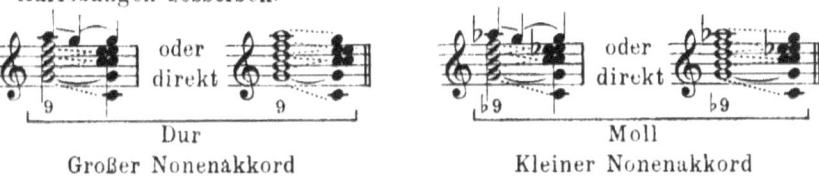

---

* Dasselbe Beispiel in Dur: Siehe Rich. Wagner, Meistersinger.

Z. 10245

Die Umkehrungen sind nach dem Prinzip der vorhergehenden Akkorde zu bilden d. h. bei der ersten Umkehrung muß h, bei der zweiten d, bei der dritten f und bei der vierten a Baßton sein. Da die Stimmen, wenn man den tiefsten Ton einfach eine Oktave höher setzt, zu nahe aneinander liegen, ist es notwendig, die weite Harmonie anzuwenden, z. B.

Direkte Auflösung der Nonenakkorde auf den anderen Stufen:

IX. Behandlung des Dominant-Septimenakkordes und Umkehrungen im vierstimmigen Satze.

Die Auflösung des $\frac{7}{5}$ ergibt ein Intervall, d. h. die Quinte des tonischen Dreiklangs fehlt, z. B.

Will man mit dem vollen Dreiklang schließen, so läßt man im $\frac{7}{5}$ entweder
   a) die Quinte oder
   b) die Terz fort und verdoppelt die Dominante, z. B.

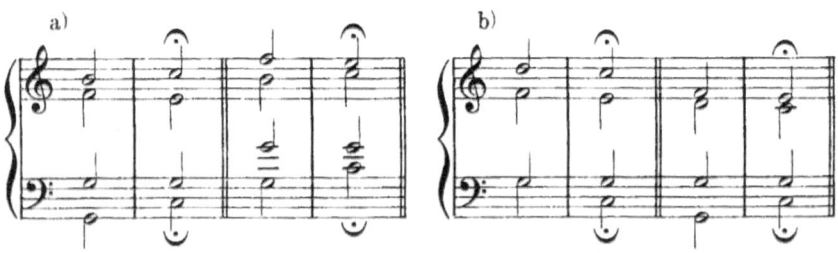

Die Terz des $\tfrac{7}{5}$ kann auch in die Quinte des tonischen Dreiklangs springen.

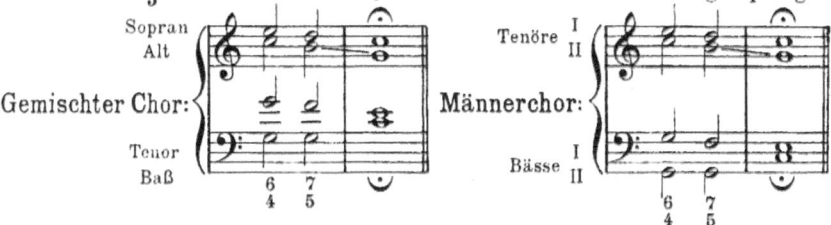

(Im Männerchorsatz besonders häufig; namentlich in den Schlüssen.)

Die Septime des $\tfrac{7}{5}$ fällt naturgemäß in die Terz des tonischen Dreiklangs. Jedoch sind auch Ausnahmen zulässig:
a) wenn die Septime in einer Mittelstimme liegt oder
b) die Auflösung der Sextakkord ist. (Im letzteren Falle kann sie auch im Sopran vorkommen.)

Die Septime steigt in diesen Beispielen in die Quinte des tonischen Dreiklangs.

Seltener sind die Fälle, in denen die Septime in den Grundton des tonischen Dreiklangs springt.

Einige Literatur-Beispiele:

Es können auch zwei oder drei Stimmen zu gleicher Zeit sprunghaft sich bewegen, z. B.

Der Dominant-Septimenakkord mit Umkehrungen und verschiedenartigen Auflösungen:

Will man die „Ausnahmen" umgehen, so verdoppelt man eine Stimme (d. h. von 30 Bassisten z. B. singen 15 die obere und 15 die untere Note). Es können auch mehrere Stimmen geteilt werden, man erhält dann fünf bis achtstimmige Akkorde, z. B.

Dasselbe mit Auflösung nach c moll.
Einige bezifferte Bässe, die auszusetzen sind:

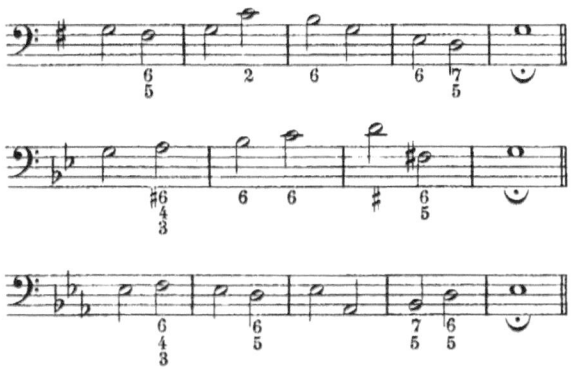

Der Schüler fertige Beispiele in verschiedenen Tonarten- Dur und Moll- an.

X. Behandlung des verminderten Septimenakkordes im vierstimmigen Satze.

Der Stammakkord und seine Umkehrungen mit Auflösungen:

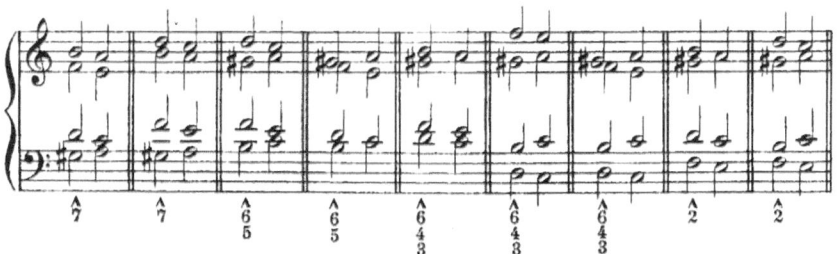

Die regelrechte Auflösung kann auch Quinten ergeben und zwar
a) eine verminderte Quinte gefolgt von einer reinen. Gerade so gut

aber ist die Auflösung b), welche doppelte Terzen ergibt (von Brahms z. B. bevorzugt).

Geschieht die Auflösung in den Sextakkord, so kann die verm. 5 (um die Terz-Verdoppelung zu vermeiden) aufwärts steigen, z. B.

Ausnahmsweise kann der Baßton im $\overset{\wedge}{\overset{6}{\underset{3}{4}}}$ in die Tonika des Dreiklangs springen, z. B.

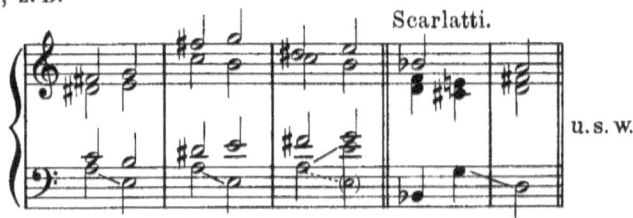

Die melodische Linie kann (wie beim $\tfrac{7}{5}$) **Sprünge** in der Stimmführung veranlassen, z. B.

Ein Beispiel in D moll mit Anwendung der verschiedenen Auflösungs-Möglichkeiten:

Einige bezifferte Bässe, die auszusetzen sind:

Im dreistimmigen Satze kann die Terz oder Quinte des $\overset{\wedge}{7}$ fehlen, z. B.

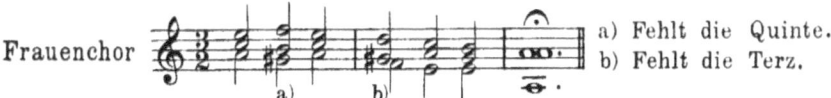

a) Fehlt die Quinte.
b) Fehlt die Terz.

Der Schüler fertige viele eigene Beispiele dieser Art an.

XI. Behandlung der leitereigenen Septimenakkorde im vierstimmigen Satze.

A) Dur: Erste Stufe.

a) Direkte Auflösung.   b) Stufenweise Auflösung.

Der leitereigene Septimenakkord kann **frei** eintreten oder man führt ihn stufenweise resp. durch gemeinsame Töne ein.

a) Auflösungen nach den Dreiklängen der II, IV und V Stufe:*

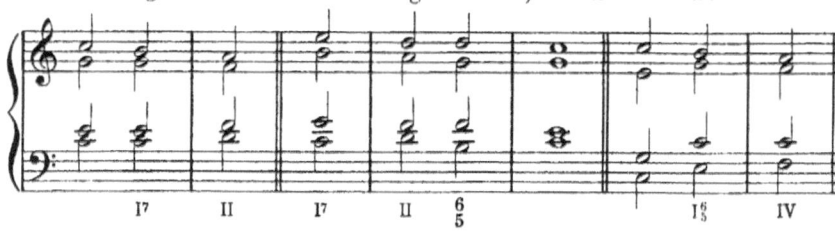

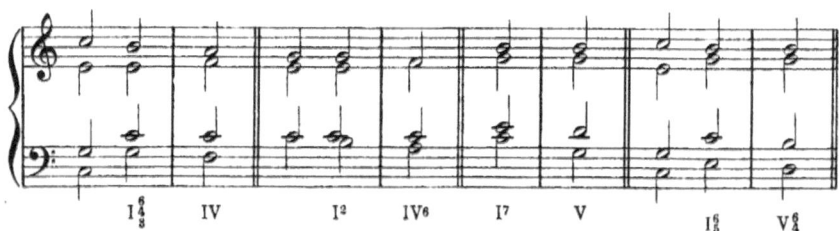

Im vierstimmigen Satze kann die Quinte 1) oder Terz 2) im Septimenakkorde fehlen. Im Chorsatz wird man event. eine Stimme verdoppeln 3).

* Auflösungen in die III und VI Stufe sind nicht gut möglich, da der Dreiklang der III Stufe bereits im I^7 enthalten ist und der Leitton der VI Stufe fehlt.

z. B.

Sehr häufig ist der Sprung des Basses in die Unter-Dominante, z. B.

Bei 1) fehlt die Quinte in der ersten Anlage und bei 2) in der Fortschreitung.

Dur: Zweite Stufe.

a) Direkte Auflösungen zum tonischen Dreiklang (I. Stufe):

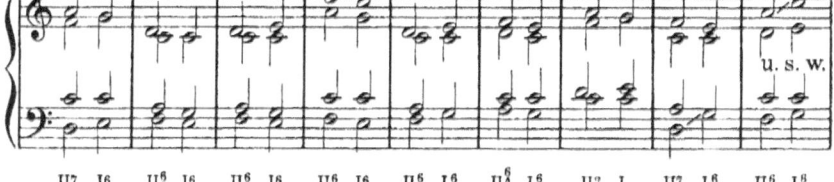

b) Auflösungen zu den anderen Dreiklangsstufen:

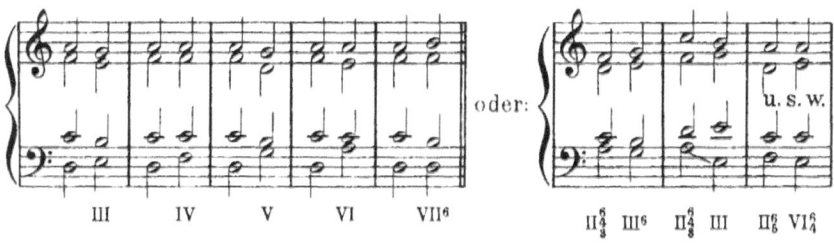

c) Sprung des Baßtons in die Unter-Dominante:

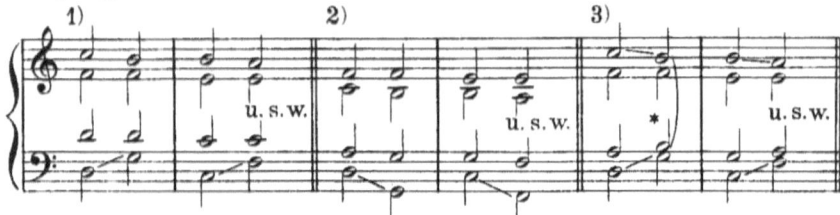

d) Stufenweise Auflösungen:

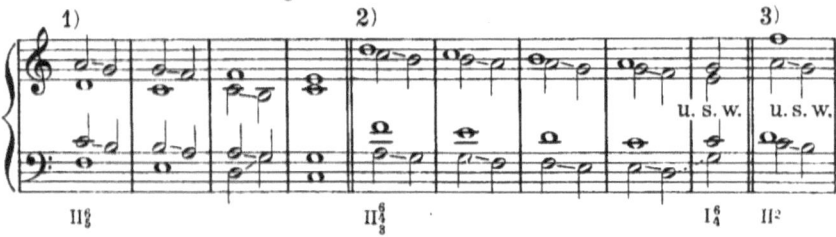

Es bleibe dem Schüler überlassen, die Septimenakkorde auf der V-VII Stufe ebenfalls in der angegebenen Weise zu behandeln.

e) Beispiele mit Anwendung der verschiedenen Möglichkeiten. Die gemeinsamen Töne werden, um die chorische Wirkung klar zu machen, im vollen Werte geschrieben:

---

* Die Verdoppelung der Terz klingt hier in der Gegenbewegung gut.

Einige bezifferte Bässe:

Der Schüler versuche selber einige Beispiele zu bilden.

B) Moll.

a) Direkte Fortschreitungen zu den Dreiklangsstufen.

Erste Stufe:

Zweite Stufe:

Die Septimenakkorde auf der III - VII Stufe sind in gleicher Weise zu behandeln.

b) Stufenweise Auflösungen (kleine Septime):

* c kleine Septime.
** cis Leitton.

c) Sprung des Baßtones in die Unter-Dominante:
D moll.

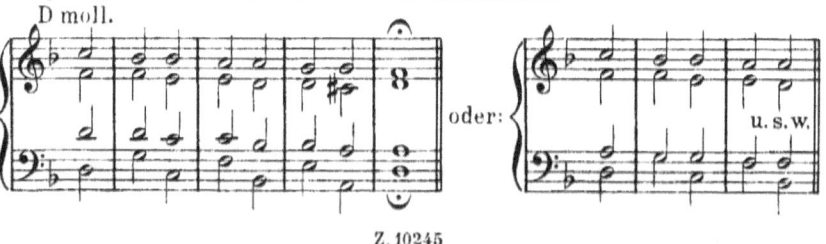

Ein Beispiel, welches die Septimenakkorde auf allen sieben Stufen (Moll) mit direkter Auflösung enthält:

Einige bezifferte Bässe:

XII. Behandlung der Nonenakkorde.
A) Der Nonenakkord auf der V Stufe.

Da der Nonenakkord aus fünf Tönen besteht, ist es notwendig im vierstimmigen Satze bei Anwendung desselben entweder
    a) eine Stimme zu teilen oder
    b) eine Note — die Quinte — auszulassen, (z. B. im Solo-Quartett.)

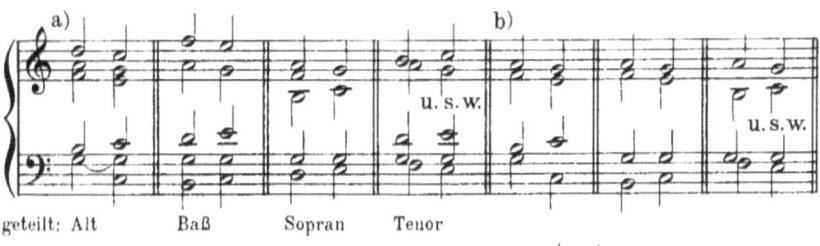

Bildet die Septime den Baßton, so kann sie in den Grundton des tonischen Dreiklangs springen, z. B.

Z. 10245

B) Die leitereigenen Nonenakkorde auf den anderen Stufen im Chorsatz.

a) Dur.

Der Nonenakkord auf der I Stufe:

1) Auflösung zum Dreiklang auf der I Stufe
2) Auflösung zum Dreiklang auf der IV Stufe
3) Erste Umkehrung des Nonenakkordes.
4-7) Stufenweise Auflösungen.

Der Nonenakkord auf der II Stufe (häufiger angewendet):

1) Auflösung zur I Stufe (Sextakkord).
2) ,,   ,, III ,, (Dreiklang).
3) ,,   ,, V   ,, (Dreiklang).
4) ,,   ,, VI ,, (Dreiklang oder Quart-Sextakkord).
5-7) Stufenweise Auflösungen.

Der Nonenakkord auf der III Stufe:

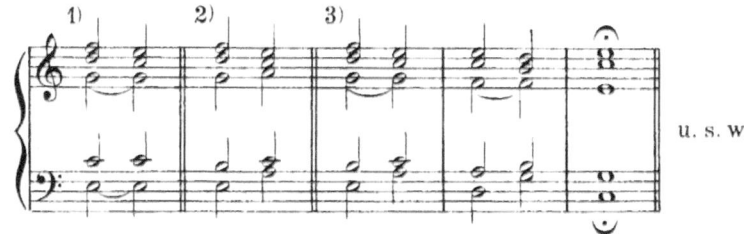

u. s. w.

Der Nonenakkord auf der IV Stufe (häufiger):

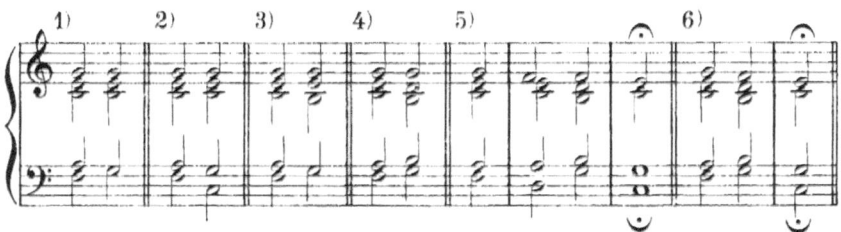

Der Nonenakkord auf der VI Stufe:

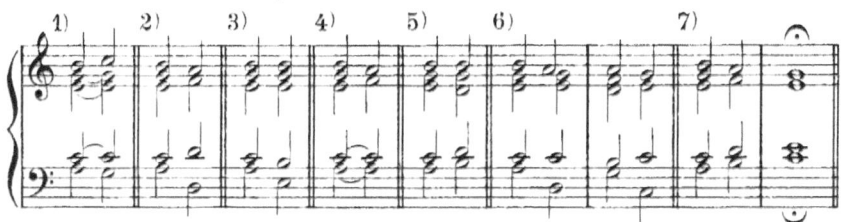

Der Nonenakkord auf der VII Stufe:

u. s. w.

Die stufenweise Auflösung dieser Nonen-Akkorde wird also fortgesetzt, bis man einen Akkord erhält, der eine Auflösung in den tonischen Dreiklang der I Stufe zuläßt.

In den meisten Fällen werden diese Nonenakkorde, da sie teilweise hart klingen, durch andere Harmonien vorbereitet werden müssen. Die Härte fällt aber in der Orchesterwirkung fort und ist auch im Chorsatz durchaus nicht störend.

Frei eintretend eignen sie sich vortrefflich zu charakteristischen Wirkungen. Bei direkter Auflösung sind parallele Quinten oft nur auf Kosten guter Stimmführung zu umgehen.

b) Moll.

In Moll entsprechen die **direkten** Auflösungen der leitereigenen Nonenakkorde denjenigen, die wir in Dur kennen lernten.

Bei der **stufenweisen** Auflösung jedoch ist die Septime (der Tonart) klein anzunehmen und wird nur groß, wenn sie Leitton-Eigenschaft erhält.

XIII. Kadenzen (Schlüsse).

A) Der Ganzschluß (authentisch)

wird gebildet auf der Tonika, Dominante und Tonika.

1 und 2) Ganzschluß in der Oktavlage.
3)   ″   ″   ″ Terzlage.
4)   ″   ″   ″ Quintlage.

Anstelle des ersten Dreiklangs kann auch die (sehr häufige) zweite Umkehrung desselben ($^6_4$) stehen.

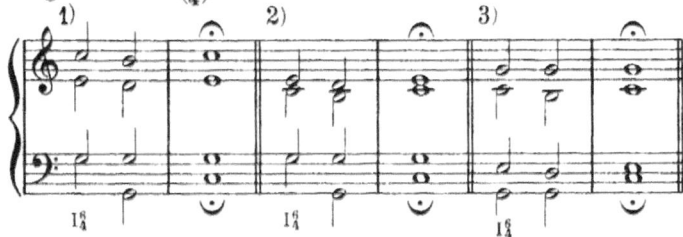

Der Quart-Sextakkord wird meistens durch den Dreiklang oder Sextakkord auf der II resp. IV Stufe eingeführt.

Sämtliche Beispiele ebenso in Moll.

B) Der zusammengesetzte (verlängerte) Schluß

wird gebildet auf der Tonika, Unter-Mediante, Unter-Dominante, Dominante und Tonika.

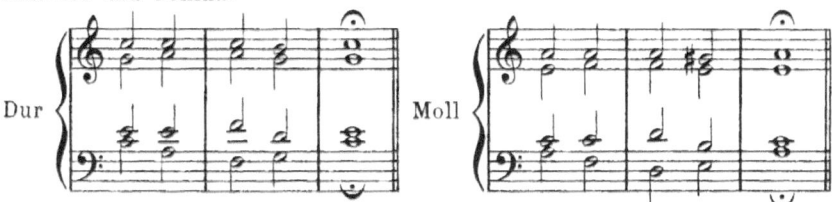

Diese Schlüsse lassen die mannigfaltigsten Varianten zu, z. B.

Z. 10245

Im ersten Beispiel ist der $\frac{6}{5}$ der II Stufe eingeschoben (sehr häufig, namentlich in Chorälen), im zweiten der verminderte 7, welcher nach der V Stufe von C dur führt. Ebenso in Moll!

C) Der Kirchenschluß (plagal)

wird gebildet auf der Tonika, Unter-Dominante und Tonika.

D) Der Halbschluß

wendet sich nach der Dominante, ohne den Leitton derselben zu berühren, z. B.

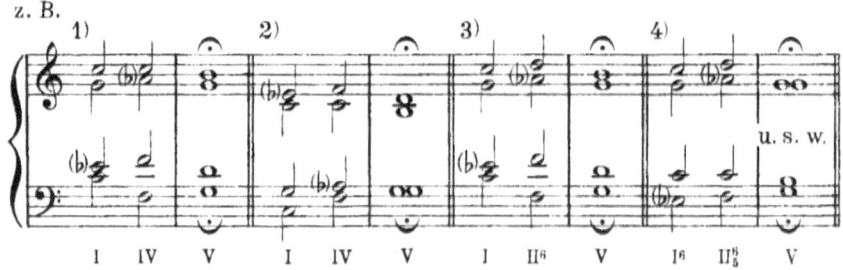

Der Halbschluß schließt demnach ein Tonstück nicht ab.*

E) Der Trugschluß.

Trugschluß wird jede Auflösung eines Akkordes genannt, die nicht in den tonischen Dreiklang geht. — Die Musik seit Wagner beruht in dem, was wir als neu (modern?) empfinden, hauptsächlich in der überaus häufigen Anwendung von Trugschlüssen (Trugfortschreitungen). — Am Ende eines Stückes halten letztere den Schluß hin, im Verlauf desselben sind sie von sehr reizvoller, harmonischer Wirkung. Man hüte sich vor Übertreibungen!

Nicht allein darauf kommt's an, **wie** man etwas sagt, sondern vor allen Dingen doch darauf: **Was** man zu sagen hat!

---

* Über Ausnahmen später.

a) Halb- und ganztonige Rückung.

Vom Dominant-Septimenakkorde und Umkehrungen zu Dur- und Moll-Dreiklängen. (Den Ausgangspunkt kann irgend ein Akkord bilden, der einer Auflösung bedarf.)

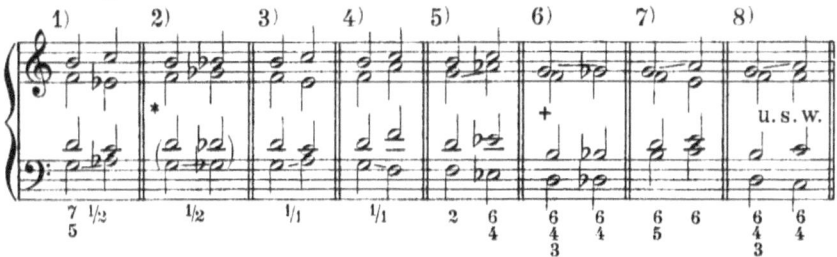

Zu übermäßigen und verminderten Dreiklängen:

Zu Dominant-Septimen=, verminderten Septimen= und Nonenakkorden:

* In den mit * bezeichneten Beispielen entstehen parallele Quinten. Darüber später. Die mit + angemerkten Beispiele zeigen, wie sie zu vermeiden sind, ohne der Stimmführung Gewalt anzutun.

Vom verminderten Septimenakkorde aus (immer auf- und abwärts- auch $\frac{5}{7}$ und $\overset{\wedge}{7}$ gemischt) zu Septimenakkorden:

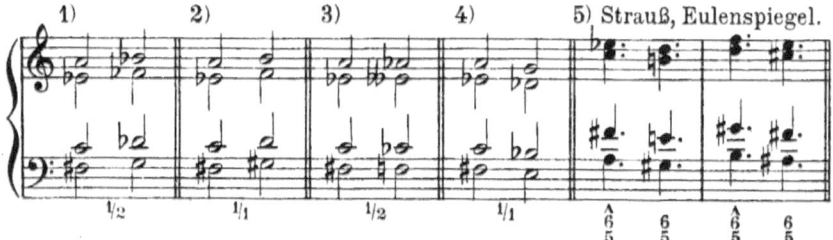

Drei und vier verminderte Septimenakkorde hintereinander:

b) Auflösung in einen Dur- oder Moll-Dreiklang mit Hilfe der **Mehrdeutigkeit** der Töne (gemeinsamer Töne).

Da jeder Ton des Ausgangsakkordes Grundton, kleine oder große Terz und Quinte eines Dreiklangs sein kann, so ergeben sich folgende Trug-Fortschreitungen: G als Prime fällt fort, da der Dreiklang g, h, d bereits im $\frac{7}{5}$ enthalten ist, ebenso G als Quinte (c, e, g keine Trugfortschreitung).

Verschiedene Fortschreitungen— wie 7, 9 und 13— sind natürlich auch enharmonisch möglich.

c) Trugfortschreitungen in einen Dominant - Septimenakkord mit Hilfe der gemeinsamen Töne.

Da der Dominant-Septimenakkord aus Prime, Terz, Quinte und Septime besteht, so kann jeder Ton des aufzulösenden Akkordes als eins dieser Intervalle mehrdeutig behandelt werden.

Drei Fortschreitungen, wie man sieht, wiederholen sich (22 und 28 enharmonisch).

Nach demselben Prinzip wären nun alle Auflösungen in den verm. Septimenakkord herzustellen.

b) Trugfortschreitungen von Nonenakkord zu Nonenakkord.

Da derselbe aus Grundton, gr. Terz, r. Quinte, kl. Septime und kl. oder gr. None besteht, so sind folgende Fortschreitungen möglich:

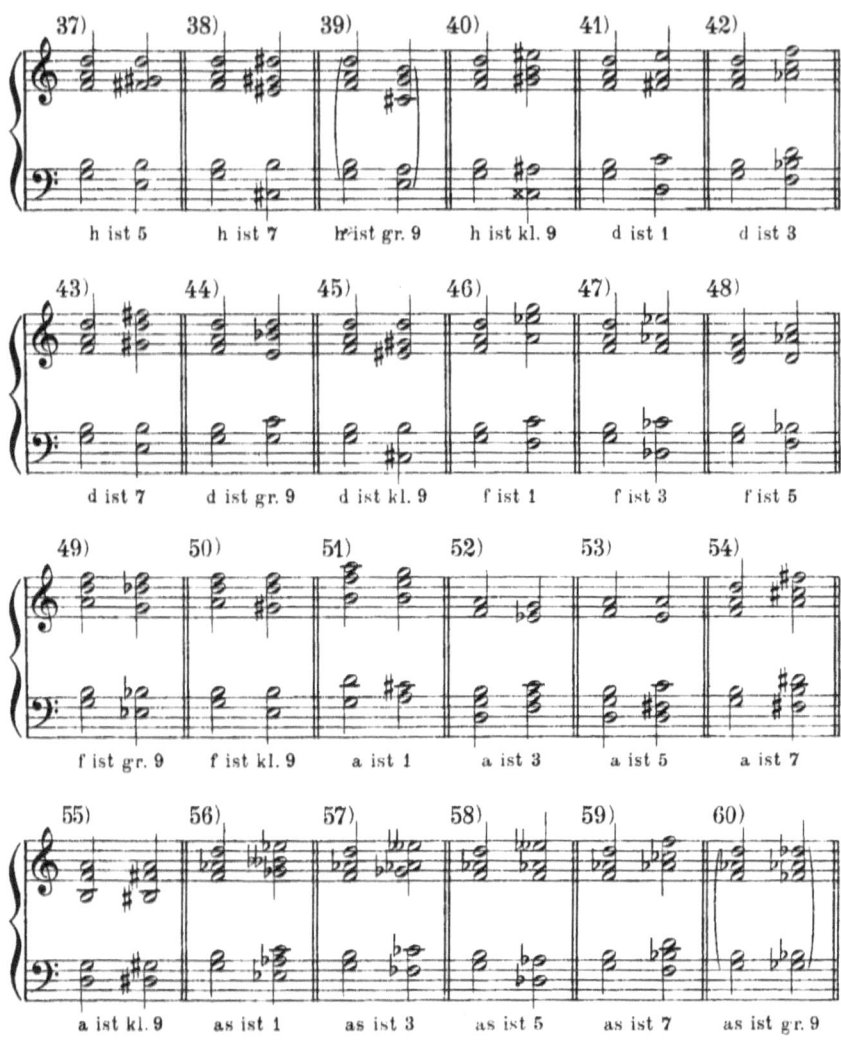

Anstelle der großen None kann stets die kleine — und umgekehrt — stehen, wodurch sich viele neue Verbindungen ergeben.

Die durch ( ) angezeigten parallelen Quinten, welche durch die anderen Stimmen gedeckt werden, sind gut.

Der Schüler arbeite nach demselben Prinzip auch alle Fortschreitungen zu den leitereigenen Septimenakkorden (Dur-Moll) aus.

In obigen Beispielen wiederholen sich einige Auflösungen; andere sind enharmonisch ebenfalls denkbar.

c) **Mehrdeutigkeit der Töne.**

Ein Beispiel, in welchem der Ton c mehrdeutig (gemeinsam) behandelt ist:

Da nun **jeder** Ton der hier angeführten Akkorde, wozu noch später alterierte treten, ebenso **mehrdeutig** behandelt werden kann, so erhellt daraus, daß noch unendlich viele Möglichkeiten zu interessanten harmonischen Wendungen vorhanden sind. Alle durch einen gemeinsamen Ton verbundenen Akkorde sind untereinander verwandt, d. h. sie erlauben direkte Fortschreitungen. Mit Ausnahme der Dreiklänge sind es Trugschlüsse.

Man merke sich: Ein guter Schluß krönt das ganze Werk! —

Es mögen hier einige interessante Literatur-Beispiele folgen:

Beethoven, VII Symphonie. Schubert, Die Stadt.

Liszt, Tristesse.

Liszt, Der du von dem Himmel bist.

Liszt. Oh, quand je dors.   Liszt, Laßt mich ruhen.

1) Schluß mit dem (fragenden) Quart- Sextakkord. Ebenso: Schumann, Warum— Liszt, Wer nie sein Brot — Schumann, Fis dur- Romanze — Brahms, Komm bald u. s. w.
2) Schluß mit der Tonika, über welcher das innere Ohr die Auflösung des verm. 7 (Trugfortschreitung: B moll - Dreiklang) hört. Wundervoll!
3) Schluß mit dem verm. 7 als Ausdruck tiefster Trauer, die keine Hoffnung kennt. Von den modernen Franzosen oft nachgeahmt.
4) Schluß: Dominant- Septimenakkord, Trugfortschreitung, Terz - Quart- Sextakkord, Tonika, Mediante, Tonika.
5) Schluß: Tonika, Wechseldominante 6, Unter -Mediante Dur und Moll $\tfrac{6}{4}$ und Tonika.
6) Halbschluß.
7) Schluß: Dominante, Tonika, Septimenakkord auf IV Stufe und Tonika (mit Sexten -Vorhalt).
8) Schluß mit dem Sextakkord (sehr selten).

Der Schüler studiere recht fleißig die Schlüsse der Meister, namentlich Chopin, Hugo Wolf u. s. w.

XIV. Vorhalte.

A) Strenge Vorhalte.

Ein strenger Vorhalt entsteht, wenn ein konsonierender Ton eines Dreiklangs (oder Akkordes) ausgehalten wird und im nächstfolgenden (meistens auf gutem Taktteil) eine Dissonanz bildet, die sich in eine Konsonanz (akkordischen Ton) auflöst. Der strenge Vorhalt besteht demnach aus drei Teilen: Konsonanz— Dissonanz— Konsonanz.

Die Vorhalte können sich nach unten oder nach oben auflösen. Die Auflösung ist stufenweise.

a) Vorhalte nach unten:

Bei Anwendung des Vorhaltes 2-1 muß der Auflösungston eine Oktave vom Grundton entfernt sein, z. B.

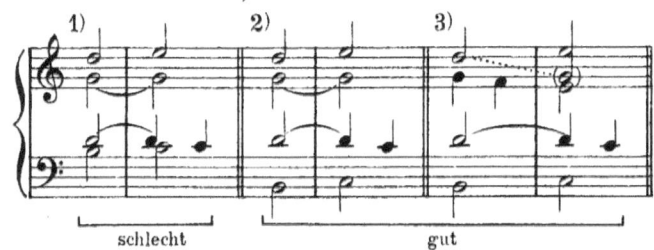

b) Vorhalte nach oben:

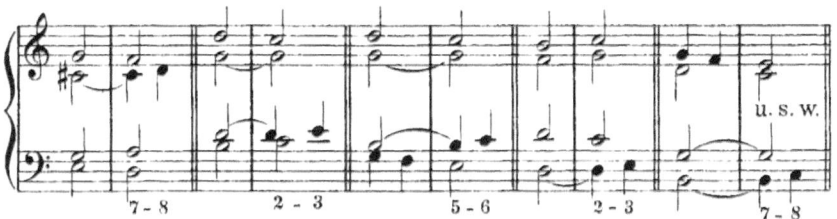

B) Frei eintretende Vorhalte,

die auch **Wechselnoten*** genannt werden, sind halb- und ganztonig von oben und unten möglich.

Dasselbe Verfahren läßt sich auf alle anderen Dreiklänge und Akkorde anwenden. Es entstehen hierbei oft Schein-Dreiklänge resp. Schein-Akkorde (+).

Einige Beispiele mit freien Vorhalten des $\frac{7}{5}$ und $\overset{\wedge}{7}$:

(+ = Schein-Akkorde.)

---

* Die Bezeichnung „Wechselnote" könnte ganz fortfallen; sie verwirrt nur, da eine Wechselnote immer als Vorhalt, Durchgang oder Vorausnahme aufgefaßt werden kann.

Der Schüler arbeite sämtliche Dreiklänge und Akkorde in derselben Weise aus.

Die Vorhalte von unten und oben lassen sich zu **einer Figur** (Figuration) zusammen ziehen:

C) Mehrfache Vorhalte.

Anstatt **eines** Tons können auch zwei (oder mehr) Töne Vorhalte sein:

a) Parallele Bewegung: Terzen oder Sexten.

b) In Gegenbewegung: zwei-, drei- und vierfache Vorhalte.

Z. 10245

63

c) Frei eintretend:

u. s. w.

Der Schüler fertige möglichst viele Beispiele in verschiedenen Tonarten an. Gerade die Vorhalte sind die „Würze der Musik."
Seltener sind die

d) Vorhalte, die von einer **anderen** Stimme übernommen werden:

Z. 10245

Einige Literatur Beispiele:
Zu A)
Bach, Choral.   Bach, Choral.   Bach, Choral.

Bach, Präludium, G moll.   Beethoven, Op. 2. N? 1.

Beethoven, Op. 2. N? 3.   H. Wolf, Verschwiegene Liebe. Rich. Wetz, Die Muschel.

H. Wolf, Italienisches Liederbuch.

* Bei Wolf falsch notiert.

Z. 10245

Der Schüler analysiere diese Beispiele sorgfältig und auch Hugo Wolfs Lied „Die Zigeunerin", eins der interessantesten Stücke mit frei eintretenden mehrfachen Vorhalten. (Vergleiche auch: Chopin, Etude Op. 25. No 5.)

XV. Nachschläge.

Nachschläge nennt man solche Töne, die der Haupt- resp. betonten akkordischen Note folgen und eine melodische Phrase oder ein rhythmisches Motiv ergänzen. Sie können diatonisch oder auch sprungweise auftreten, z. B.

Nachschläge heißen auch die kleinen Verzierungsnoten, die dem Triller folgen. Ist die Nachschlagsnote im folgenden Akkord enthalten, so nennt man sie

XVI. Vorausnahme (Anticipation).

Es können auch mehrere Töne (resp. Akkorde) vorausgenommen werden. (Stufen- oder sprungweise.)

Einige Literatur-Beispiele:

XVII. Modulation.

Unter Modulation versteht man das Ausweichen in eine andere Tonart.

A) Modulation nur mit Dur- und Moll-Dreiklängen.

a) Benutzung der leitereigenen Dreiklänge:

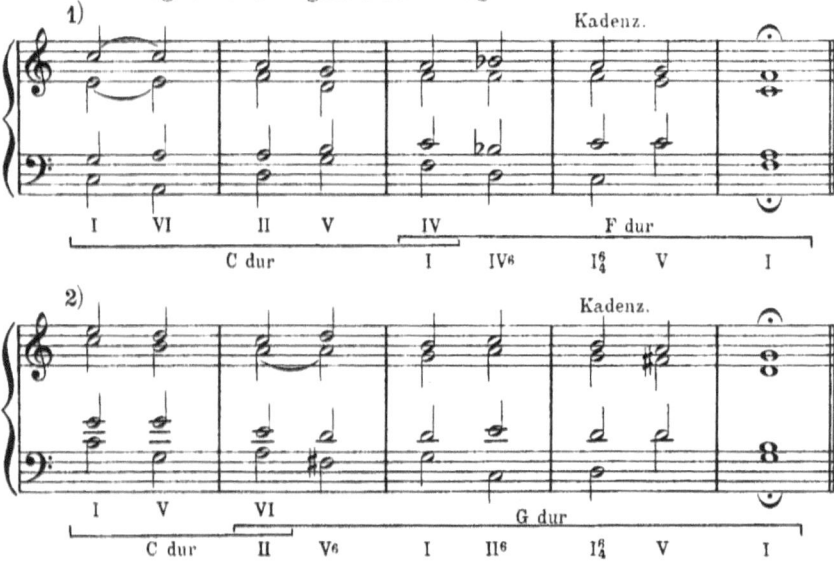

Zu 1) Modulation von C dur nach F dur: Wir benutzen zunächst die I, VI, II, V und IV Stufe in C dur. Da nun die IV Stufe in C dur (f, a, c) auch die I Stufe in F dur ist, so knüpfen wir hier an und schließen mit einer Ganz-Kadenz ab.

Zu 2) Modulation von C dur nach G dur: Auch hier benutzen wir zunächst die I, V und VI Stufe in C dur. Letztere — a, c, e — ist aber auch II Stufe in G dur, als welche wir sie nun betrachten und mit einer Kadenz abschließen.

Z. 10245

Auf diese Weise lassen sich viele Modulationen herstellen, da alle Dreiklänge verschiedenen Tonarten angehören, z. B.

c, e, g ist: I in C dur, IV in G dur, V in F dur,
außerdem V in F moll und VI in E moll.

d, f, a ist: II in C dur, III in B dur, VI in F dur,
I in D moll und IV in A moll.

e, g, h ist: II in D dur, III in C dur, VI in G dur,
I in E moll und IV in H moll.

f, a, c ist: I in F dur, IV in C dur, V in B dur,
V in B moll und VI in A moll.

g, h, d ist: I in G dur, IV in D dur, V in C dur,
V in C moll und VI in H moll.

a, c, e ist: II in G dur, III in F dur, VI in C dur,
I in A moll und IV in E moll.

Die hier angeführten Möglichkeiten sind vom Schüler auszuführen. Es ist darauf zu achten, daß die zwei Dreiklängen gemeinsamen Töne gebunden werden; ausgenommen ist der Baßton, der stets in Bewegung bleiben muß. Ist kein gemeinsamer Ton vorhanden, so führe man die Stimmen stets in Gegenbewegung.

Diese Beispiele sind natürlich in vielen Tonarten anzufertigen; man berücksichtige namentlich die „entlegeneren" wie z. B. H dur, Fis dur, Des dur, Ges dur u. s. w.

Der Dreiklang auf der VII Stufe- ein verminderter- wird später besprochen.

b) Benutzung der Verwandtschaft.

Ein Dreiklang (dur oder moll) ist verwandt mit den Dreiklängen auf der III und V Stufe aufwärts und III und V Stufe abwärts, z. B.

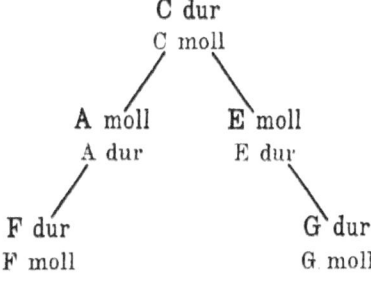

Alle diese Dreiklänge sind **untereinander** verwandt, z. B.

C dur nach A dur (A moll).   C dur nach F dur (F moll).

Anstatt direkt in die verwandte Tonart zu gehen, kann man auch zuvor den Dreiklang auf der Dominante derselben bringen, z. B.

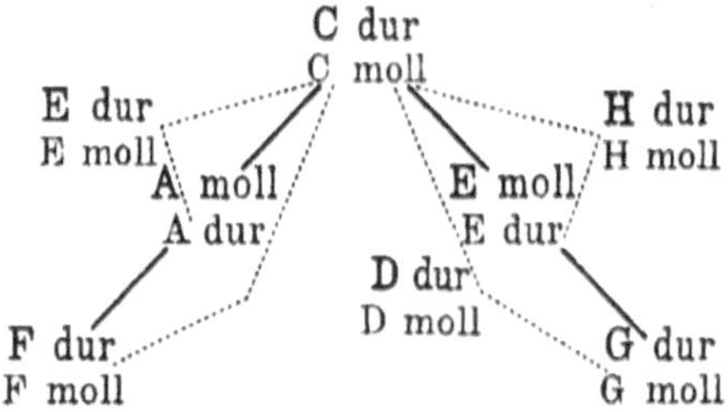

Beispiele:

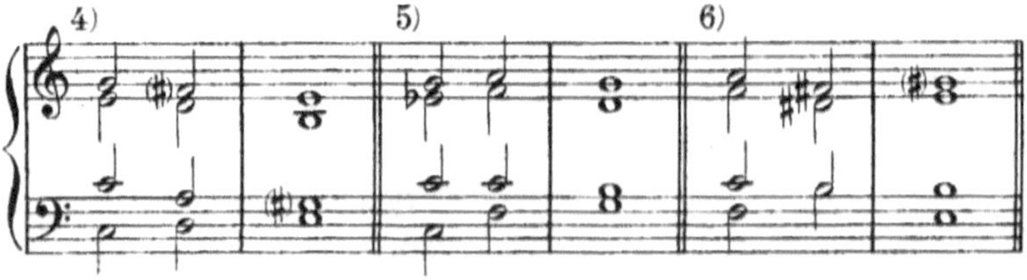

C dur nach H dur.

C dur nach A dur. C dur nach E dur.

Einige Literatur-Beispiele:
Kaun, Aus Italien I. Schubert, Die Liebe hat gelogen.

Liszt, Fantasie. Reger, Fantasie BACH. O. Taubmann, Tauwetter.

* Der übermäßige Sekundenschritt, ebenso die verminderte Terz nach unten (mit Auflösung in die Tonika) bieten guten Chören keine Schwierigkeiten mehr. Will man diese Fortschreitungen vermeiden, so geschieht es auf Kosten der Stimmführung oder es entstehen parallele Quinten resp. doppelte Terzen wie das Beispiel C dur nach H dur zeigt (+).

Z. 10245

Pfitzner, Op. 10. Müde. Ph. Rüfer, Merlin.   ebenda.

B) Hinzunahme des verminderten Dreiklangs.

Der verminderte Dreiklang steht auf der VII Stufe in Dur und auf der II und VII Stufe in Moll. Dadurch eignet er sich vorzüglich zur Modulation von Dur nach Moll.

Dur nach Moll.

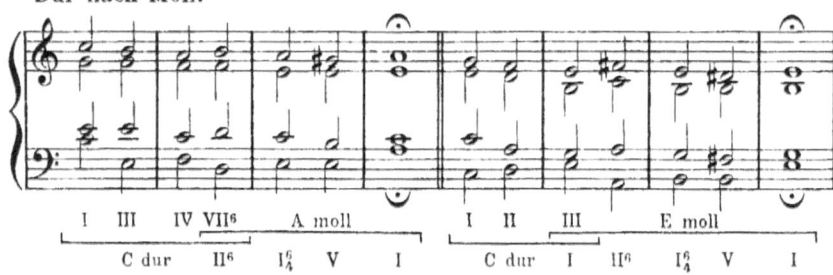

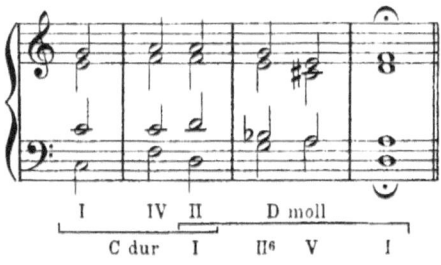

Moll nach Dur.

C) Hinzunahme des übermäßigen Dreiklangs.

D) Hinzunahme des Dominant-Septimenakkordes und Umkehrungen.

Anstatt direkt von einer Stufe in die andere zu gehen, kann man den $\frac{7}{5}$, resp. eine Umkehrung desselben, einschieben, z. B. I - III Stufe in C dur: Da die III Stufe e, g, h— der E moll-Dreiklang— ist, tritt der $\frac{7}{5}$ des letzteren— h, dis, fis, a— ein, z. B.

Z. 10245

a) Beispiele nicht modulierend:

b) Beispiele modulierend:

Es dur nach F moll

A dur nach Cis moll

Da die Dominant-Septimenakkorde sich nach Dur und Moll auflösen, lassen sich leicht Modulationen nach entlegeneren Tonarten anfertigen, z. B.

Im letzten Beispiel sind wir zweimal nach Moll ausgewichen.

* * *

Der Schüler fertige viele derartige Beispiele an und lerne „denken." Ohne dieses „Denken" ist kein Kunstwerk möglich; freilich auch nicht, wenn es **nur darauf** basiert.

Gegebene bezifferte Bässe sind daher nur soweit nützlich, als sie dazu dienen, die Partituren alter Meister gründlich kennen zu lernen; im übrigen unterbinden sie — namentlich, wenn jahrelang nach dieser Methode gearbeitet wird — die Fantasie des Schülers.

E) Hinzunahme des verminderten Septimenakkordes.

(Nach denselben Prinzipien wie beim $\tfrac{7}{5}$).

a) In A moll:

b) Modulierend:

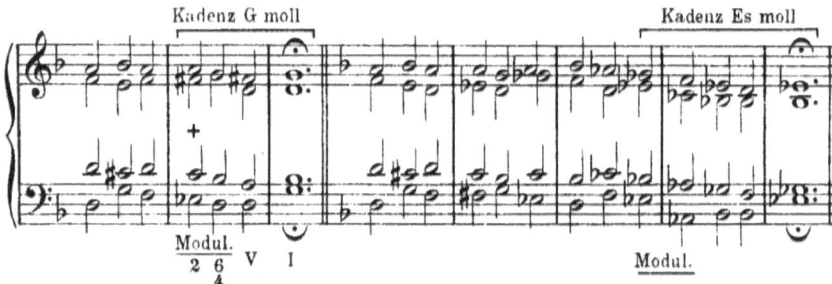

Der Sekundakkord (+) eignet sich vorzüglich zum kadenzieren, da seine Auflösung der Quart-Sextakkord ist.*

F) Hinzunahme der leitereigenen Septimenakkorde.

Dieselben können durch andere Akkorde (gemeinsame Töne etc.) vorbereitet werden, treten aber auch oft frei ein.

Beispiel in C dur (nicht modulierend):

* Der Baßton kann auch in die Tonika springen (siehe auch Kapitel X). z. B. Hugo Wolf, Sp. Lieder:

Modulation mit Hülfe der Mehrdeutigkeit der Septimenakkorde, z. B.

c, e, g, h ist Septimenakkord auf der I Stufe in C dur
,, ,, ,, ,, ,, IV ,, ,, G dur
,, ,, ,, ,, ,, III ,, ,, A moll (ohne Leitton)
,, ,, ,, ,, ,, VI ,, ,, E moll.

Nach G dur · Nach A moll · Nach E moll.

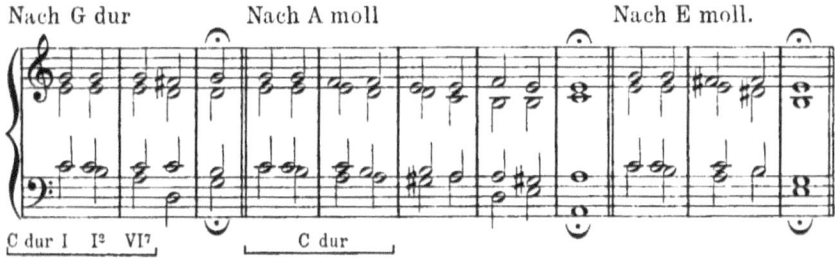

C dur I I² VI⁷ · C dur
G dur IV II⁷ V⁷ I , A moll III² u. s. w.

Die erste Umkehrung der II Stufe ($\frac{6}{5}$) wird sehr häufig in der Kadenz angewendet (Choräle), z B.

C dur · D moll

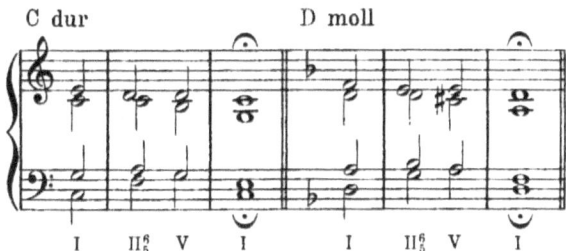

I II$_5^6$ V I · I II$_5^6$ V I

Weiter:

d, f, a, c ist Septimenakkord auf der II Stufe in C dur
,, ,, ,, ,, ,, III ,, ,, B dur
,, ,, ,, ,, ,, VI ,, ,, F dur
,, ,, ,, ,, ,, I ,, ,, D moll (ohne Leitton)
,, ,, ,, ,, ,, IV ,, ,, A moll.

Nach B dur · Nach F dur

C dur III B dur

Z. 10245

Ebenso sind die anderen Stufen in C zu behandeln, z. B.

e, g, h, d ist Septimenakkord auf der II Stufe in D dur
„   „   „   „   „   „   III   „   „ C dur
„   „   „   „   „   „   VI   „   „ G dur
„   „   „   „   „   „   I   „   „ E moll (ohne Leitton)
„   „   „   „   „   „   IV   „   „ H moll.

f, a, c, e ist Septimenakkord auf der I Stufe in F dur
„   „   „   „   „   „   IV   „   „ C dur
„   „   „   „   „   „   III   „   „ D moll (ohne Leitton)
„   „   „   „   „   „   VI   „   „ A moll.

g, h, d, f ist Septimenakkord auf der V Stufe in C dur
„   „   „   „   „   „   V   „   „ C moll
„   „   „   „   „   „   VII   „   „ A moll (ohne Leitton)

a, c, e, g ist Septimenakkord auf der II Stufe in G dur
„   „   „   „   „   „   III   „   „ F dur
„   „   „   „   „   „   VI   „   „ C dur
„   „   „   „   „   „   I   „   „ A moll (ohne Leitton)
„   „   „   „   „   „   IV   „   „ E moll.

h, d, f, a ist Septimenakkord auf der VII Stufe in C dur
„   „   „   „   „   „   II   „   „ A moll.

Man ersieht hieraus, daß die I und IV und die II, III und VI Stufe einander gleich sind.

Der Schüler untersuche ebenso die Septimenakkorde auf den sieben Stufen in Moll (und zwar stets unter Berücksichtigung der kleinen und großen Septime).

Sämtliche aus dieser Aufstellung sich ergebenden Modulationen sind (auch in verschiedenen Tonarten) anzufertigen.

Hierher gehörige Literatur - Beispiele:

*Bach, Wohltemp. Klavier I.   ebenda

ebenda   Bach, Orgelfuge.

Harmonisches Fundament.

kl. 7   gr. 7

Brahms, Requiem (S. 87).

Wagner, Meistersinger.   Chopin, Etude.   **

* Ich gebe nur die harmonische Grundlage.
** Viele Beispiele bei Bach, Brahms, Händel u. s. w.

Frei eintretender Septimenakkord mit unregelmäßiger
Auflösung:

Rich. Wetz, Säerspruch:

G) Hinzunahme des Nonenakkordes auf der V Stufe.*

a) Nicht modulierend nach den bisherigen Prinzipien):

Wie man aus diesem Beispiel ersieht, haben wir zwischen den Stufen der G dur-Tonleiter (Dreiklänge) stets einen Nonenakkord eingeschoben.

b) Modulation: F dur nach As dur:

Einige Literatur Beispiele:

Bach, Wohltemp. Klavier.   Beethoven, Op. 111.   Mendelssohn, Frühlingslied.

---

* Spricht man vom Nonenakkorde, so ist immer der auf der V Stufe gemeint.

Mendelssohn, Frühlingslied.   Wagner, Rheingold.   ebenda

Wagner, Tristan.   Thomas, Mignon.   Bruckner, VII. Symph.

Moll   Dur

Hugo Wolf, Ital. Liederbuch VII.   Chopin, Scherzo Ed.

17
(Fes moll)   9♭

Sehr reizvoll ist die Auflösung des kleinen Nonenakkordes in Dur (auch umgekehrt möglich).

Der Schüler findet leicht weitere Beispiele in der neueren Literatur. Seit Wagner ist dieser Akkord übermäßig viel verwendet worden. Da der Charakter desselben lyrisch-weich (feminin) ist, so ist vor zu häufiger Anwendung zu warnen.

Die Wiener-Tanzmusik (Joh. Strauß), der dieser im guten Sinne populär weiche Zug eignet, basiert in der Harmonik meistens auf dem Nonenakkord.

Joh. Strauß, Donau-Walzer.   Joh. Strauß, Nacht in Venedig.

H) Hinzunahme der leitereigenen Nonenakkorde.

a) In C dur nicht modulierend:

b) Modulierend von A moll nach Es moll:

Literatur - Beispiele:

Bach, Toccata, Fuge F dur.

Bach, Wohltemp. Klavier XII.

Bach, D dur Präeludium. Orgel X.   Kaun, Mutter Erde.

Nonenakkorde entstehen sehr häufig durch Terzen- oder Sexten-Vorhalte und treten dann sequenzartig (später) auf.

XVIII. Der Querstand.

Der Querstand entsteht, wenn eine Stimme chromatisch auf- oder abwärts schreitet, während eine andere, auf derselben Stufe sprungweise weiter geführt wird. Diese Art des Querstandes ist unbedenklich, da sie harmonisch begründet ist, z. B.

Hier wird durch die chromatische Rückung ein Akkord * gebildet, der seinem Wesen nach zum nächstfolgenden gehört (Dominante). Ebenso kann der Querstand unbedenklich geschrieben werden, wenn der chromatische Schritt in eine andere Stimme übergeht. In diesem Falle ist es jedoch gut, eine kleine Pause, (Luftpause bei den Bläsern) zu machen, die auch z. B. durch eine Fermate angedeutet wird.

Vermieden wird der Querstand, wenn der chromatische Schritt in derselben Stimme (+) geschieht. Das musikalische Ohr und der subjective Geschmack wird wohl immer darüber entscheiden müssen, ob ein Querstand gut oder schlecht ist.

XIX. Anwendung von Vorhalten und Trugfortschreitungen in Modulationen.

V= Strenger Vorhalt.   Tr= Trugfortschreitung.   Fr. V= Freier Vorhalt.
D. V= Doppelvorhalt.   3 V= Dreifacher Vorhalt.

Ein Beispiel im Männerchorsatz:

Der Schüler analysiere diese Beispiele sehr sorgfältig und fertige selber eigene an.

Da die Männerstimmen in der Tiefe nicht Kraft entfalten können und gerade „Wucht und Glanz" dem Männerchor eigen sind, so wird man häufig gezwungen sein, die Stimmen unisono oder in Intervallen zu führen, z. B.

Literatur - Beispiele (vom Schüler zu analysieren):
Vorhalte.
Buxtehude, Passacaglia.   Buxtehude, Praeludium.

Kaun.   Trugfortschreitungen.
Gernsheim, Quartett in F.

Haydn, Symphonie G dur   Gluck, 1714.

---

* Schreibt man die Tenorstimme über ā, so ist es gut, diese Stimme zu verdoppeln, da so hohe Tenöre selten sind.

Chopin, Var.   ebenda

Chopin, F moll Konzert.   Chopin, Polonaise.

Chopin, Nocturno.   M. Schillings,   Rich. Wagner,
                           Erntelieder.   Götterdämmerung.

Vorhalte und Trugschlüsse.
Rich. Wagner, Tristan und Isolde.   ebenda

u. s. w.

XX. Vorausnahmen und Nachschläge in Modulationen.

Vn = Vorausnahme. N = Nachschlag.

* Die Stimmen kreuzen sich hier, um eine gute Führung derselben zu ermöglichen.

Der Schüler achte stets auf **Sangbarkeit** und melodische Linie in **jeder** Stimme, auch bei „harmonischer Kühnheit," dann wird er die Schwierigkeit der Intonation dadurch mildern.

XXI. Durchgangsnoten.

Durchgangsnoten sind Verzierungen, welche hauptsächlich den Rhythmus beleben. Sie sind halb- und ganztonig, auf- und abwärts möglich.

D = Durchgang.

Man beachte, daß das ♯ aufwärts und das ♭ abwärts strebt.

Original: Dasselbe mit Durchgängen.

Oder:

Desgleichen sind Durchgänge in der Quarte, Quinte, Sexte, Septime und Oktave häufig. z. B.

Harmonisches Fundament. u. s. w.

D

Durchgänge in Terzen und Sexten:

Klaviersatz.

(In großen Terzen.)   (Chromatisch.)

Z. 10245

Ebenso können Akkorde als Durchgänge behandelt werden, z. B.

Beispiel mit Durchgängen versehen:
Original.

Durchgänge in Gegenbewegung lassen sich leicht bei korrespondierenden Terzen aller Akkorde anbringen.

Der C dur- Dreiklang z. B. besteht aus den beiden Terzen c-e und e-g, folglich ergeben sich folgende Durchgänge:

Oder im Septimenakkord (drei Terzen):

Ebenso in den Umkehrungen.

Die große Terz läßt eine chromatische Gegenbewegung zu, die kleine Terz dagegen erlaubt derartige Durchgänge nur im schnellen Zeitmaß.

Große Terzen chromatisch in Gegenbewegung:

u. s. w.

Kleine Terzen chromatisch in Gegenbewegung:

Hugo Wolf, Ital. Liederbuch V.

Mit den Wolf'schen Beispielen, (die in ruhigem Zeitmaße gemeint sind), kann ich mich nicht befreunden, namentlich nicht mit dem letzten, das mit einer Sexte schließt (dreifacher Baßton). Hierher gehört auch eine Stelle aus Rubinsteins „Undine-Etude‟ die R. Schumann (S. 150) anführt.

Auch nachfolgende Terzen und Sexten lassen sich als „Durchgänge‟ auffassen: *

Beethoven, Op. 59 N⁰ 3.

Beethoven, VII Symphonie. Scherzo.

Der Schüler findet leicht derartige Beispiele (Bach, Brahms u. s. w.).

Weitere Literatur-Beispiele mit Durchgängen:
Bach, Passacaglia.   ebenda   Brahms, Op. 97 N⁰ 5.   Liszt, Wer nie sein Brot.

---

* Gehört auch in die „Lehre vom Kontrapunkt.‟

Weiterhin:
Beethoven, Missa solemnis (Credo-Schluß).
Bach, Der zufriedengestellte Aeolus. Im Anfang auch Quarten* im Chorsatz, wozu allerdings die Bässe die Sexte ergänzen.
Bach, Kantate: Ach wie flüchtig. Anfang sehr interessant. Bach schreibt hier die **melodische** Moll-Tonleiter **aufwärts wie abwärts**, also

In der oben angeführten Passacaglia sehen wir die melodische- und harmonische Moll-Tonleiter abwärts in den Mittelstimmen.

---

* Außer Bach auch bei R. Strauß (Sekunden).

Wie Bach die Moll-Tonarten behandelt, dafür möge folgendes Beispiel Zeugnis geben:

J. S. Bach, Sonate I.

Hier ist also, wie man sieht, die melodische Moll-Tonleiter auf- und abwärts zu gleicher Zeit angewendet.

Härten, welche durch chromatische Durchgänge entstehen, sind durch rhythmische Verschiebungen zu umgehen, z. B.

Der Schüler fertige zunächst einfache Modulationen an und versehe sie dann mit Durchgangsnoten.

XXII. Der Orgelpunkt.

Ein lange ausgehaltener Ton, zu welchem die mannigfaltigsten Harmonien erklingen, wird Orgelpunkt genannt.

Das Charakteristikum desselben ist Ruhe, Auslösung der vorherigen Spannkraft, wenn er am Schlusse steht. Häufig genug aber erweckt er auch, namentlich im Verlaufe eines Musikstückes (z. B. am Schluß des Durchführungsteiles), die gegenteiligen Empfindungen: Spontanen Jubel, neue Tatkraft! – Vorzüglich eignet er sich endlich dazu eine Stimmung vorzubereiten und steht dann am Beginn eines Werkes (Bruckner-Symphonien) oder leitet in einen neuen Satz über (Beethoven, V. Symphonie, Scherzo-Schluß). Wunderbar! –

A) Orgelpunkt im Baß.

Bei der Bildung dieses Orgelpunktes sind zunächst alle Dreiklänge und Akkorde zu verwenden, die den Grundton (Orgelpunkt) gemeinsam haben oder in der Auflösung zu ihm streben.

a) Orgelpunkt auf der Tonika:

b) Auf der Dominante:

Siehe:
Bach, Gavotte II aus der G moll-Suite.
Bach, Pastorale (Orgelstücke).
Beethoven, Op. 26. Trauermarsch (Schluß).
Beethoven, Op. 28. Erster Satz.
Schumann, Kinderszenen (Anfang und Schluß).
Schubert, Der Wanderer.
Fr. E. Koch, Von den Tageszeiten (Schlußchor) und viele mehr. —

Aber auch durchaus leiterfremde Akkorde, ja Intervalle (große Terzen), die scheinbar nichts mit dem Orgelpunkt-Ton gemeinsam haben, können unbedenklich benutzt werden (namentlich für Orchester), und von großer Wirkung sein, wenn sie einer künstlerischen Absicht entsprechen.

Freilich wird trotz aller Kühnheiten immer das Bestreben vorhanden sein müssen, schließlich eine Auflösung, (welche sich über mehrere Takte ausdehnen kann), zu erreichen.

Orgelpunkte, die sozusagen „in der Luft hängen bleiben", sind dilettantisch. —

B) Orgelpunkt in einer Mittel- oder Oberstimme.

a) In einer Mittelstimme:

Schumann, Schöne Wiege meiner Leiden.

Ph. Rüfer, Merlin.

Bruckner, IX. Symphonie, Scherzo.*

u. s. w.

---

* Ich gebe nur das harmonische Fundament.

b) In einer Oberstimme:

E. E. Taubert, Quartett Es dur (Schluß).

Aug. Reuß, Trio Op. 30.

Anstelle der gehaltenen Note kann auch eine rhythmische Veränderung treten, z. B.

Der Schüler studiere folgende Orgelpunkte:

Bach, Kantate: Nun ist das Heil und die Kraft. (Orgelpunkt in allen Stimmen abwechselnd).

Beethoven, IV Symphonie, I Satz. (Schluß der Durchführung.)
Beethoven, IX Symphonie, Scherzo und Partitur- Seite 250-252.
Beethoven, Op. 120. Variationen, N⁰ X.
Beethoven, Leonoren- Ouverture (Partitur Eulenburg), Seite 63-65.
Brahms, Händel-Variationen N⁰ VIII und XXII.
Brahms, Requiem (Seite 45): Fuge durchweg auf dem Orgelpunkt.
Berlioz, Faust's Verdammnis: Sylphen - Ballet. (Violoncelli halten 100 Takte lang das tiefe D aus).
Bizet, Carmen: Soldatenchor.
Kaun, Auf dem Meer. Fugierter Satz auf dem Orgelpunkt.
Tschaikowsky, Symphonie pathétique (Schluß).
Rich. Strauß, Zarathustra (Anfang).
P. Ertel, Hero und Leander (Anfang).
Cornelius, Barbier von Bagdad (S. 31).
H. Wolf, Um Mitternacht.
Tschaikowsky, La Tempête.

C) Es ist nicht notwendig, daß der Orgelpunkt einen ausgehaltenen Ton darstellt, was schon in der Natur der verschiedenartigen Instrumente begründet ist. So wird man ihn z. B. in der Schreibweise für Klavier entweder öfters wiederholen, oder auch durch Pausen oder Figurenwerk (scheinbar) unterbrechen, z. B.

Bach, Praeludium N⁰ VI.

Harmonisches Fundament:

Weitere Literatur-Beispiele:
Beethoven, Op. 2 N⁰ 1. Durchführung.
Brahms, Wiegenlied.
Wagner, Walküre-Vorspiel.
Chopin, Etude Cis moll (Schluß), Nocturnos Des dur, Cis moll, F moll und E moll (Schlüsse), Polonaise Op. 22. Andante spianato.
Schumann, Bunte Blätter Takt 1-8.
Liszt, Loreley u. s. w.

D) Orgelpunkt auf Tonika und Dominante.

Sehr häufig. – Er eignet sich vorzüglich als Fundament für pastorale Stimmungen, z. B.

Brahms, F dur Symphonie.

A. Thomas, Mignon.

ebenda

R. Schumann, Albumblätter. (Unterbrochener Orgelpunkt).

Eines der herrlichsten Beispiele finden wir im Rheingold-Vorspiel, welches auf  aufgebaut ist.

Weiterhin:

Beethoven, C moll-Konzert (Schluß 1. Satz).
Schumann, Fis dur-Romanze (Schluß).
Schubert, Lieder: Wohin? Des Baches Wiegenlied, Der Leiermann, Gretchen am Spinnrade.
Grieg, Peer Gynt. Suite No 4 u. s. w.

Z. 10245

101

E) Reiche Abwechselung gewährt der durch freie Vorhalte und Nachschläge ausgeschmückte Orgelpunkt.

Tonika und Dominante umschrieben:

Literatur - Beispiele:

Beethoven, Sonate Op. 2, No 3. Scherzo - Coda.
Beethoven, Sonate Op. 10, No 3. I Satz (Schluß).
Beethoven, Sonate Op. 14, No 2. Scherzo (Schluß).
Beethoven, Sonate Op. 53, I Satz und Rondo.
Beethoven, Sonate Op. 101, Schluß des Marsches und letzten Satzes.
Beethoven, Sonate Op. 106, I Satz (Schluß).
Beethoven, Sonate Op. 111, (Schluß). Vergleiche auch Chopin, C moll - Etude.
Chopin, As dur - Polonaise (E dur - Oktaven).

Hierher gehört auch der wundervolle Orgelpunkt in Beethovens C moll - Symphonie vor Eintritt des Schlußsatzes, wo die Tonika als Vorausnahme erscheint.

Dasselbe in: Beethoven, Sonate Op. 81a, I Satz am Schluß und in der Eroika-Symphonie (Hornstelle: Eintritt des Themas).

Z. 10245

F) Auch Terzen und Dreiklänge können orgelpunktartig ausgehalten werden, meistens in Verbindung mit Durchgängen.

Cornelius, Barbier.

Kaun, Der Pietist.   Beethoven, Op. 10.

Dem verzierten Orgelpunkt in seiner Wirkung ähnlich ist der **Basso ostinato**, worunter man eine stetig wiederkehrende Baßfigur versteht, z. B.

Bach, H moll Messe, Crucifixus.

12 Mal wiederholt

Beethoven, VII. Symphonie, 1. Sat.   Beethoven, IX. Symphonie, 1. Satz.*

11 Mal   7 Mal

Wird dieses ostinate Baßmotiv auch auf andere Stimmen übertragen, rhythmisch ausgestaltet, figuriert u. s. w. (Variation), so entsteht die **Passacaglia** und **Chaconne**. Der Begriff beider Namen deckt sich. Letztere Form, von alten Meistern vielfach angewendet (namentlich in Orgelkompositionen), ist auch in die neuere Instrumentalmusik eingeführt worden. (Brahms, IV. Symphonie, letzter Satz; Hans Huber, Klavierkonzert, Kaun, Märk. Suite V Satz).

* Von Wilh. Middelschulte in seiner geistvollen Passacaglia verwendet.

Z. 10245

Das Thema einer Passacaglia oder Chaconne besteht aus vier oder acht Takten, z. B.

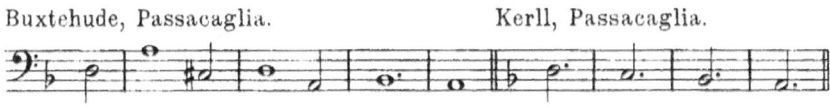

J. S. Bach, Passacaglia.

Pachelbel, Ciaconna.

Mit außerordentlichem Glück hat auch Max Reger diese Form benutzt (für zwei Klaviere). Weitere Literatur-Beispiele:
J. S. Bach, Chaconne (für Violine allein).
Georg Schumann, Passacaglia für Orgel.
Kaun, Frauenchor: Die Glocken läuten das Ostern ein.

XXIII. Alterierungen.

A) Alterierte Tonleitern.

Werden eine oder mehrere Stufen der diatonischen Tonleiter erhöht oder erniedrigt (oder beides zu gleicher Zeit), so entsteht die alterierte Tonleiter:

Die in der Praxis bisher gebräuchlichsten sind:

a) **Dur mit kleiner Sexte,** das sogenannte Moll-Dur (sehr häufig).   b) **Dur mit kleiner Sekunde** und **kleiner Sexte.**

c) **Moll mit kleiner Sekunde.**   d) **Moll mit übermäßiger Quarte** (ungarische Moll-Tonleiter).

Die Fantasie hat hier noch breiten Spielraum, denn es lassen sich natürlich noch unzählige andere Skalen aufstellen.

Für die Praxis aber kommen nachfolgende, die, wie wir sehen werden, brauchbare (alterierte) Dreiklänge und Akkorde ergeben, in Betracht:

Die folgenden Tonleitern k-o, die wohl möglich sind, ergeben keine, abweichend von den bisher aufgestellten, verwendbaren neuen Dreiklänge und Akkorde:

Damit genug: Der Schüler möge selber andere Möglichkeiten suchen.
Die Kirchentonarten gehören hier nicht her, also (nach c transponiert):

Jonisch = C dur kommt so wie so nicht in Betracht.

Auf den Stufen der von uns aufgestellten alterierten Tonleitern lassen sich nun selbstverständlich auch Dreiklänge und Septimenakkorde bilden.

B) Dreiklänge.   C) Septimenakkorde.

Dur mit kleiner Sexte   Dur mit kleiner Sexte

Auflösungen: C dur

Man erhält u. a. also hier den Moll-Dreiklang auf der Unter-Dominante und den verminderten Septimenakkord, welcher sich nach Dur auflöst.

Kadenzen:

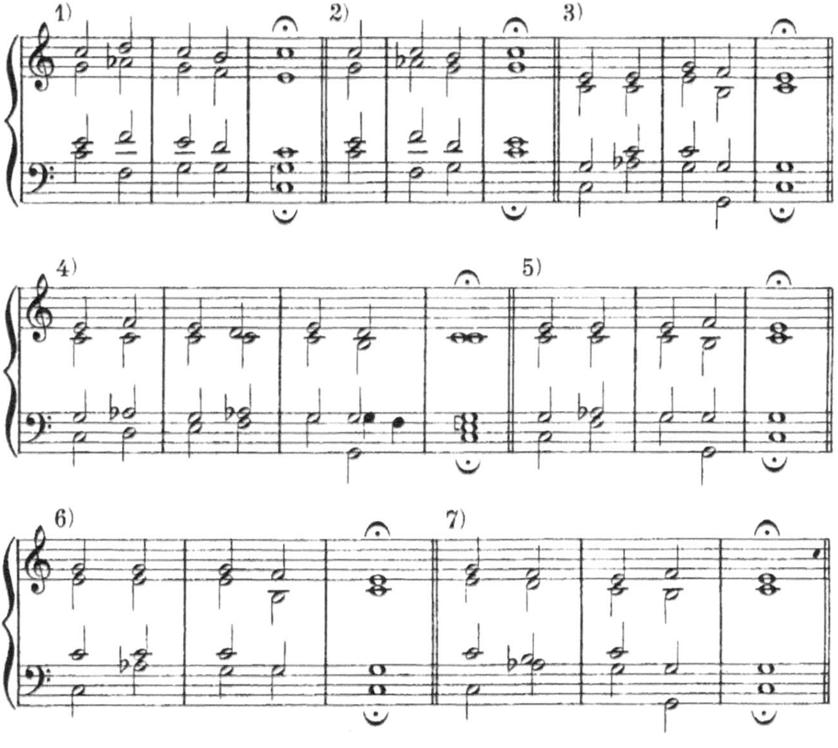

Mit Vorhalten und Durchgangsnoten:

Der Schüler fertige zahlreiche Beispiele an.

Dreiklänge.   Septimenakkorde.

Dur mit kl. 2 und kl. 6

Neu sind die Dreiklänge auf der V und VII Stufe: es sind zwei alterierte - g, h, des und h, des, f. —

Die Auflösung ergibt nur ein Intervall:

Zur I Stufe

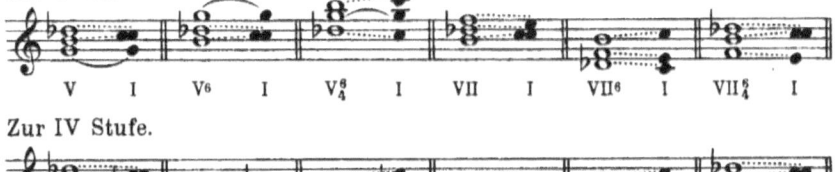

Zur IV Stufe.

Der Sextakkord dieser VII Stufe — des, f, h — ist unter dem Namen „Übermäßiger Sextakkord"* bekannt und wird vielfach noch als Grund- oder Stammakkord gelehrt, trotzdem letztere ja bekanntlich nur aus Terzen bestehen. Bei Anwendung im vierstimmigen Satze ist es manchmal nötig, daß eine Stimme springt, z. B.

V Stufe

---

* Ebenso verhält es sich mit dem sogenannten übermäßigen Quart-Sextakkorde z. B. f, h, dis, der natürlich auch von einem alterierten 3 abzuleiten ist.

107

VII Stufe

Sehr häufig ist der Dur-Dreiklang auf der II Stufe (kleine Sekunde), namentlich in der ersten Umkehrung, deren Sexte überflüssiger Weise den Namen „Neapolitanische Sexte" erhalten hat. Diese Umkehrung eignet sich vortrefflich zum kadenzieren und modulieren. (Ebenso in Moll mit kleiner Sekunde.)
Kadenzen:

Beispiel mit Anwendung der Dreiklänge auf den verschiedenen Stufen (b):

I   IV IV⁶ III⁶ IV   I⁶ I   V I⁶   IV V⁶₅   IV⁶₄ I   VI   II⁶ I⁶₄ V   I
                                                            Kadenz

Modulationen mit Hülfe des Sextakkordes auf der II Stufe:

½ tonige Rückung   enharmonisch

Z. 10245

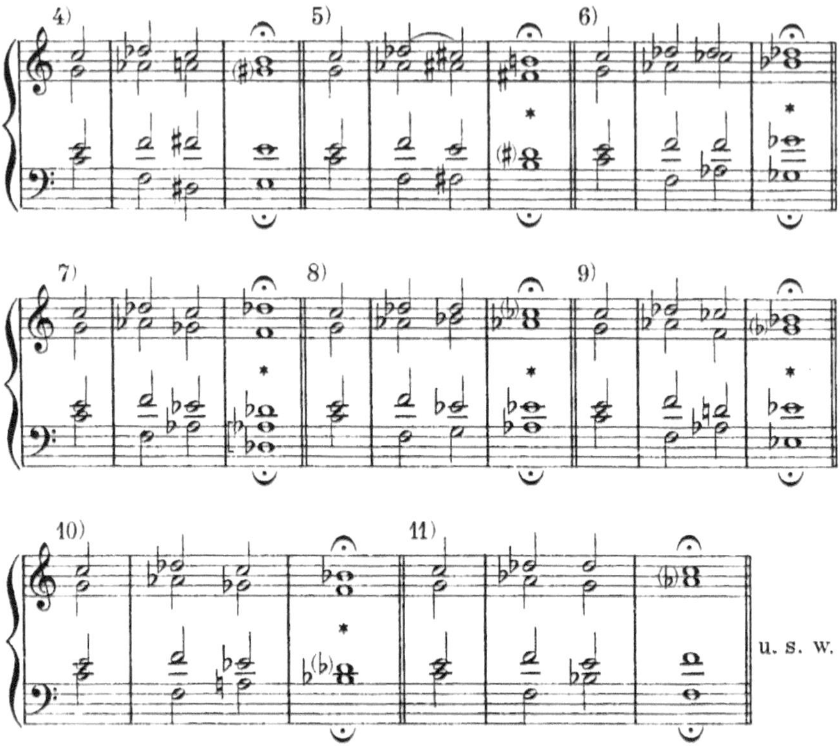

108

* Nr. 5 enharmonisch auch Ces dur, Nr 6 Fis dur oder Fis moll, Nr 7 Cis dur oder Cis moll, Nr 8 Gis moll, Nr 9 Dis moll und Nr 10 Ais moll.

Ebenso einfach lassen sich Modulationen anfertigen, wenn man den Sextakkord auf der II Stufe (kleine Sekunde, erste Umkehrung) von derjenigen Tonart benutzt, in welche man zu modulieren beabsichtigt, z. B. von G dur: kleine Sekunde as, Dreiklang as, c, es, Sextakkord c, es, as, D dur g, b, es u. s. w.

Beispiele:

Z. 10245

Anstelle des Sextakkordes steht auch oft der Dreiklang, z. B.

Chopin, Scherzo Cis moll. Chopin, Fantasie.

u. s. w.

Dem **Dur-Dreiklang** auf der II Stufe entspricht die halbtonige Rückung, wie wir sie auch bei den Trug-Kadenzen schon kennen gelernt haben.

G. Schumann, Op. 16. N? 2.   Hugo Wolf, Sp. Lieder.

In dem ersten Beispiel ist der Dominant-Akkord eingeschoben.

bb) Unter den Septimenakkorden sind **neu** die auf der III, V und VII Stufe. Es sind die ersten **alterierten Septimenakkorde**, die wir kennen lernen.

Auflösungen:

Die Auflösungen werden ermöglicht, indem man **jeden** Ton des alterierten Septimenakkordes als **Leitton** oder **mehrdeutig** (gemeinsam) behandelt. Enharmonik ist unstatthaft. Die Auflösung muß ein Dur- oder Moll-Dreiklang sein.

Man ersieht aus den obigen Beispielen, daß von jedem alterierten Septimenakkord **mehrere** Auflösungen möglich sind.

Dreiklänge.   Septimenakkorde.

Der Dreiklang auf der II Stufe zur Kadenz benutzt (Moll):

Vergleiche b) II Stufe.

Die Dreiklänge auf der V und VII Stufe sind „alterierte" jedoch sind sie nicht neu, da sie –transponiert– denselben unter b) entsprechen.

Also: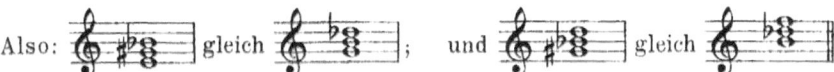

cc) Ebenso ist unter den Septimenakkorden nur der auf der III Stufe neu.

Dagegen ist:

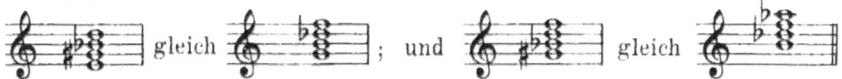

Dreiklänge.   Septimenakkorde.

 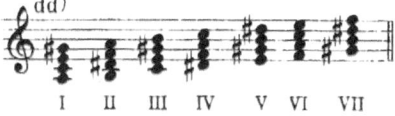

Alterierte Dreiklänge sind die auf der II und IV Stufe, jedoch uns schon –transponiert– bekannt.

dd) Alterierte Septimenakkorde: II, IV und VII Stufe: Davon keiner neu.

Wir lernten also bisher folgende alterierte Dreiklänge und Septimenakkorde kennen, die der besseren Übersicht wegen auf den Ton g als

Fundament gebracht sind:

Dreiklänge.

Septimenakkorde.

Unter diesen Dreiklängen ist neu der auf der V Stufe: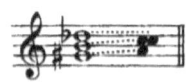

ee) Von den Septimenakkorden sind alteriert die auf der III, V und VII Stufe, welche alle drei neu sind.

Auflösungen:

Bisher erhielten wir also:

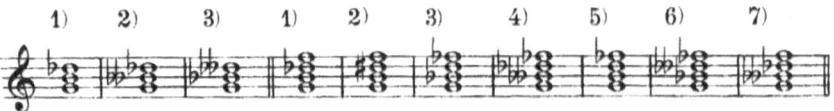

Dreiklänge.

Septimenakkorde.

f) Alteriert: II und VII Stufe; nicht neu.
ff) Alteriert: II, V und VII Stufe; ebenfalls nicht neu.

Dreiklänge.

Septimenakkorde.

g) Alteriert: II und VII Stufe; neu II Stufe:

gg) Alteriert: II, V und VII Stufe; neu II Stufe:

Quinten vermieden!

Dreiklänge.

h)

I II III IV V VI VII

Septimenakkorde.

hh)

I II III IV V VI VII

h) Alteriert: II und IV Stufe; nicht neu.
hh) Alteriert: II, IV und VII Stufe; nicht neu.

Dreiklänge

i)

I II III IV V VI VII

Septimenakkorde.

ii)

I II III IV V VI VII

i) Alteriert: IV und VI Stufe; nicht neu.
ii) Alteriert: II, IV und VI Stufe; neu IV Stufe:

u. s. w.

Bisher erhielten wir also:

Oder von   abgeleitet:

Alterierte Dreiklänge

Z. 10245

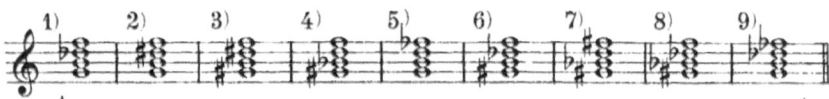

Alterierte Septimen-Akkorde

Der Schüler möge nun die alterierten Skalen k-o in derselben Weise behandeln. Er wird dann zu dem Resultat gelangen, daß es alterierte Dreiklänge und Septimenakkorde, außer den von uns bisher aufgeführten, nicht gibt.— Das Verdienst, diese neun Septimenakkorde schon im Jahre 1886 zusammengestellt zu haben, gebührt Bernhard Ziehn.*

Allerdings kommen für uns— im Gegensatz zu Ziehn— nur solche „Alterierte" in Betracht, die eine direkte Auflösung in einen Dur- oder Moll-Dreiklang ermöglichen. Es handelt sich also um Akkorde, welche die Eigenschaft der Stammakkorde besitzen.

Nicht hierher gehören daher Dreiklänge oder Akkorde, die durch Vorhalte oder Durchgangsnoten entstehen, z. B.

Alterierte Tonleitern, wie die folgenden, lassen Akkorde mit direkter Auflösung nicht zu. Wohl aber können sie durch Vorhalte erklärt werden.

---

* Bernhard Ziehn, einer der hervorragendsten Theoretiker, lebte lange Jahre in Chicago und starb daselbst. Er veröffentlichte 1886 eine Harmonielehre, außerdem „Fünf- und sechsstimmige Harmonien" (800 Beispiele).

** ais und c sind hier Vorhalte des Vorhaltes h.

Einige Modulations-Beispiele mit allen alterierten Septimenakkorden:

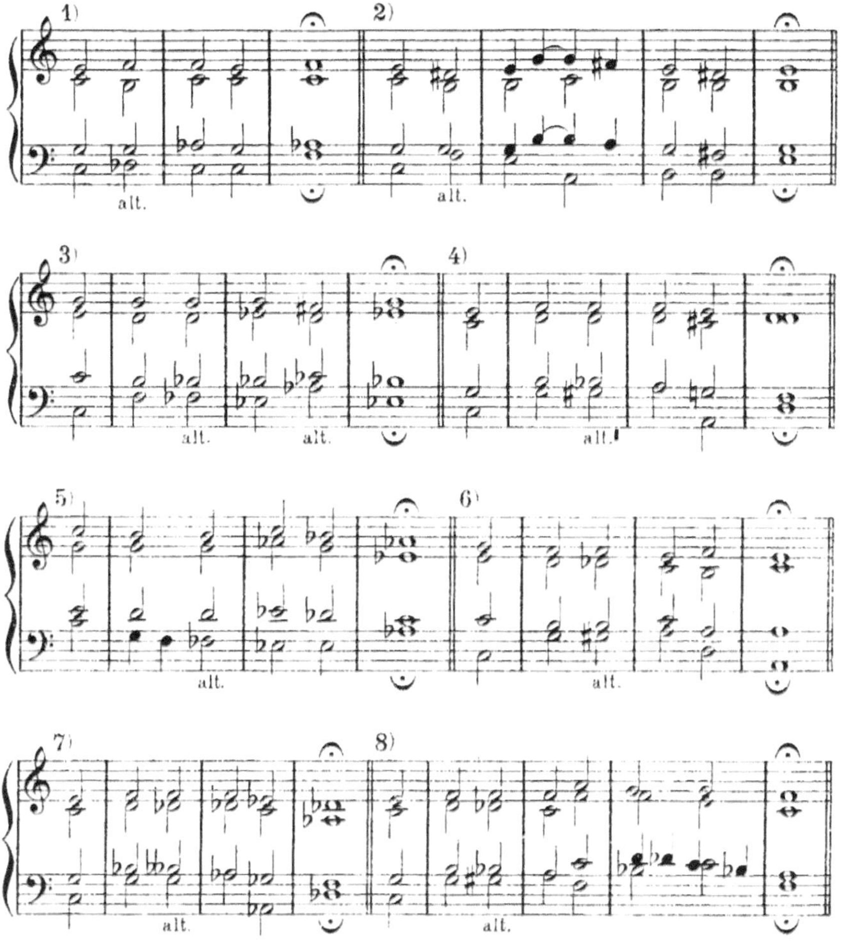

Einige Literatur-Beispiele

Vivaldi.   Tenaglia.   Leo.   Händel.

Chopin, Impromptu Ges. Chopin, Scherzo E dur.

Kämpf, Humoreske. Grieg, Suite. Weber, Konzertstück. R. Strauß, Eulenspiegel.

Ebenda   H. Wolf, It. Lieder.   G. Schumann, Op. 56.

u. s. w.

D) Alterierte Nonenakkorde

entstehen durch Erhöhung oder Erniedrigung eines oder mehrerer Töne (oder beides zu gleicher Zeit). Die häufiger angewendeten stehen auf der V Stufe mit erhöhter oder erniedrigter Quinte in Dur, z. B.

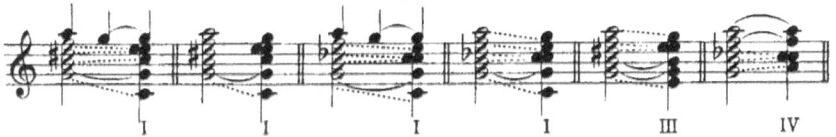

Seltener sind die mit kleiner None:

Z. 10245

Beispiele:

Einige Literatur-Beispiele:
R. Wagner, Götterdämmerung.   Chopin, Etude.

H. Wolf, Lieder. H. Wolf, Sp. Lieder.

Auch die Nonenakkorde auf den anderen Stufen sind „alteriert" denkbar, z. B.

120

Alterierte Nonenakkorde können frei eintreten oder werden durch verwandte Akkorde (gemeinsame Töne) vorbereitet. Häufig entstehen sie auch durch Vorhalte (namentlich in Terzen oder Sexten), Durchgänge oder Orgelpunkte.— Der Schüler analysiere obige Beispiele.

* **Parallele Quinten** entstehen oft bei durchaus korrekter Stimmführung, wofür unsere Meister genügend Beispiele liefern.

Parallele Quinten:
1) Bei halbtonigem Schritt und bei Vorausnahmen:

Z. 10245

121

2) Bei Durchgängen (namentlich im schnellen Tempo), Vorhalten, Trugfortschreitungen u. s. w.

u. s. w.

3) Bei Auflösung der leitereigenen Septimen- und alterierten Akkorde:

Stradella. Beethoven, Op. 131. Fuga.

Vermieden werden diese parallelen Quinten durch freie Auflösung oder Stimmenkreuzung, Vorhalte u. s. w., z. B.

Bach, Choral.

Das Stradella-Beispiel (3).

Brahms, Requiem.

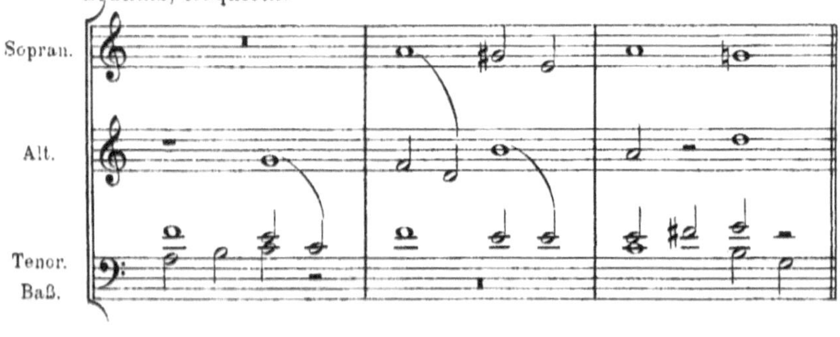

Sopran.

Alt.

Tenor.
Baß.

4) Bei fortschreitenden Verdoppelungen von Sextakkorden und gebrochenen Dreiklangs-Folgen:

Bach, Orgelkonzert I.

(Häufiger.)

Man sieht, daß Bach sich nicht scheut, Quinten und Oktaven zu schreiben, die allerdings durch die betonte Terz gedeckt werden.*

5) Bei chromatischer, sequenzartiger Fortschreitung— aufwärts oder abwärts— von Akkorden, die in der ersten Anlage die reine Quinte aufweisen, z. B.

Wagner, Götterdämmerung (Part.)

6) Auch bei gemeinsamer Terz in Dur und Moll:
(Häufig bei Schubert und Liszt).

Vermieden werden diese Quinten durch Anwendung des Sext- oder Quart-Sext-Akkordes, auch durch Sprünge.

Verdi, Aida.   K. Kämpf, Op. 22. N° 1.

---

* Eigentlich sind die zweite und dritte Note jeder Triole Vorausnahmen zur ersten der folgenden.

Die reine Quinte hat, wie kein anderes Intervall, den Charakter des Unheilvollen, Drohenden, auch der Resignation. Daher ist sie — mit Recht — vielfach auch in parallelen Fortschreitungen angewendet worden. Hier liegt also eine **künstlerische Inspiration** vor! —

Beispiele findet der Schüler in:
Chopin, Trauermarsch.
v. Hausegger, Natur-Symphonie.
O. Fried, Erntelied.
R. Strauß, Guntram (I. Akt).
Puccini, La Bohême (III. Akt).
Chr. Sinding, Oktett (Quinten und Oktaven)
G. Mahler, Vierte Symphonie (Quinten und Oktaven).
Siehe auch: Carl Fuchs: Takt und Rhythmus im Choral (S. 243) u. s. w.

Parallele Quinten, welche offenbar in der Sucht **aufzufallen** geschrieben sind, trifft man häufig an, namentlich in italienischen veristischen Opern: Das ist Dilettantismus und daher verwerflich! —

XXIV. Sequenzen.

Die Sequenz ist ein wichtiges künstlerisches Hülfsmittel, um Steigerungen zu erzielen und zwar durch Wiederholungen eines Themas, einer Periode, oder eines ganzen Satzes auf verschiedenen Stufen. Am häufigsten ist die Sequenz, welche ½, ¼ tonig oder im Quintenzirkel auf- oder abwärts schreitet. Sie kann aber auch in allen anderen Intervallen gebildet werden. Die Wirkungen der Sequenz sind:

Die **Steigerung (Gradation)** welche durch ein crescendo (———) oder decrescendo (———) erreicht werden kann.

Wird ein ganzes Musikstück (eine Arie) wiederholt, wie z. B. in den Opern „Allessandro Stradella" und „Tannhäuser," so nennt man das **Rosalie** oder **Schusterfleck**. Ich lasse in meiner Oper „Oliver Brown" (Der Pietist) einen Choral dreimal: in c, cis und d moll erklingen. Die Rosalie hat durchaus ihre künstlerische Berechtigung, kann doch durch Anwendung derselben eine große Wirkung (wenn auch rein äußerlich) erreicht werden.

Wenn die Sequenz sich andauernd durch den Quintenzirkel tummelt, so ist der spöttische Ausdruck „Schusterfleck" am Platze.

Sequenzen:

O. Taubmann, Tauwetter.   Beethoven, Op. 106. I. Satz.

Chopin, Var. B dur (Schluß).

(Trugfortschreitung im Quintenzirkel.)

Chopin, E moll-Konzert (Rondo).

(tonal)

Die Sequenzen können harmonisch oder durch satztechnische Mittel sehr reizvoll ausgestattet sein. Die Beispiele dafür sind zahllos! —
Der Schüler sehe sich folgende Beispiele an:
Schubert, Gruppe aus dem Tartarus, fast durchweg Sequenzen und nur einige Takte in der Haupttonart.
Schubert, Die Allmacht.
R. Wagner's Opern, Z. B. Tristan und Isolde (Schluß), Die Walküre, (Feuerzauber) u. s. w.
Grieg, Quartett (Seite 5).

XXV. Modulationen mit Hülfe von Trugschlüssen.

Durch Anwendung von Trugschlüssen ist es möglich, sehr rasch in entfernte Tonarten zu modulieren. (Vergl. Kap. XIII).

Das erste Beispiel zeigt eine Modulation von C dur nach As dur (resp. As moll, auch Gis moll enharmonisch). Die Trug-Kadenz besteht in ½ toniger Rückung (g, h, d, f nach as, c, es). Ebenso im zweiten Beispiel und zwar zweimal. Wir haben hier den Trugschluß nur zu **Dreiklängen** gemacht und können nun ebenso (wie in Kap. XIII angegeben) nach allen anderen Akkorden modulieren, z. B.

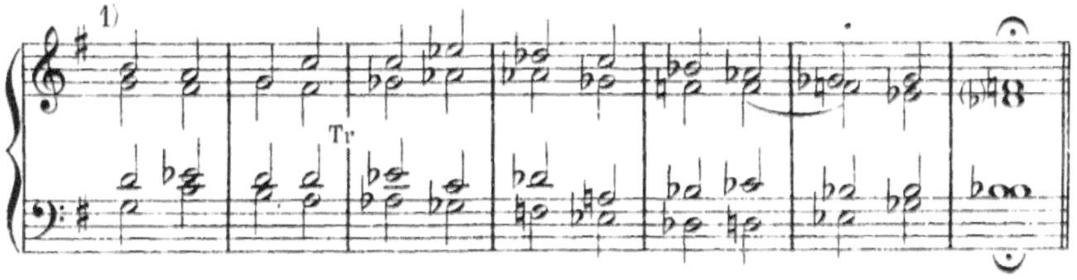

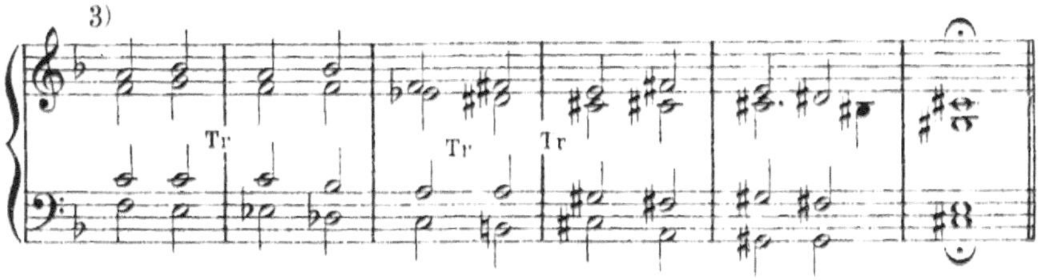

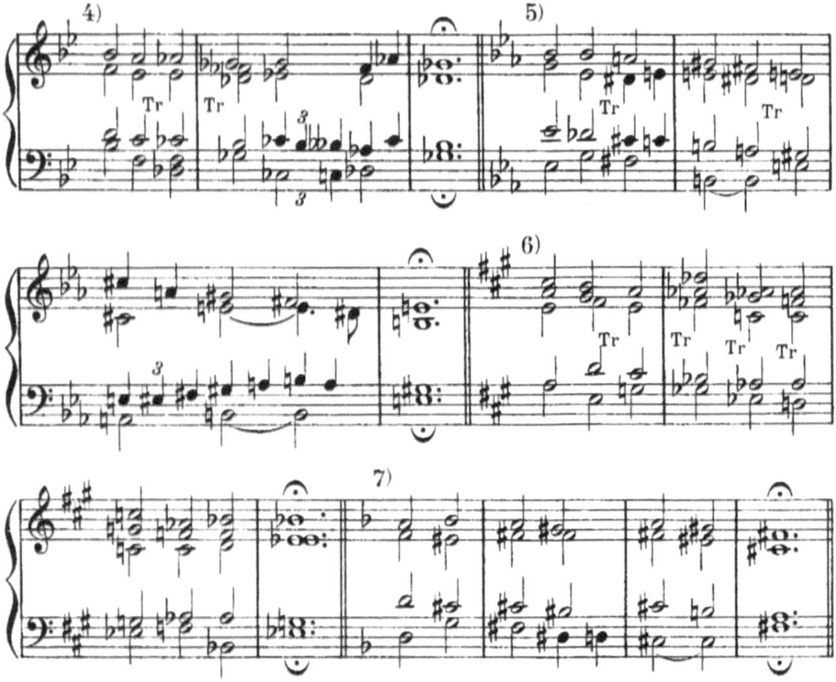
4)
Tr
Tr
3
3
5)
Tr
Tr
6)
3
Tr
Tr
Tr
Tr
7)

Einige Literatur - Beispiele:

E. Rudorff, B dur Symph.
Pfitzner, Op. 10.
Kaun, Klavier-Konzert, Op. 50.
H. Wolf.
Joh. Doebber, Franzosenzeit. (Seite 78).

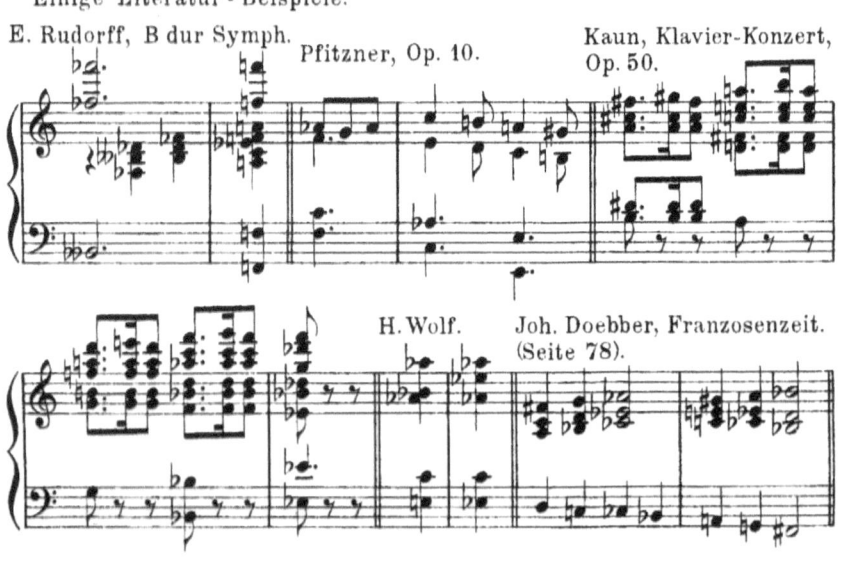

Reger, Op. 81.   H. Wolf.

Fr. Stock, Streichquartett C moll.

Sinding, Op. 70. Quartett.   Smetana, Quartett.

Der Beispiele sind unzählige, der Schüler möge sie selber aufsuchen. Basiert doch unsere Musik seit Wagner hauptsächlich auf Trugschlüssen und

XXVI. Enharmonik.

Alle Dreiklänge und Akkorde lassen sich enharmonisch umdeuten, wodurch neue Modulationsmöglichkeiten geschaffen werden. (Man hüte sich jedoch vor Übertreibungen resp. **planlosem** Modulieren!)

Einige Beispiele:

 umgedeutet in , also fisis enharmonisch anstelle

von g. — Auflösung: Fisis ist Leitton von gis d. h. Gis dur und Gis moll.

In diesem Falle ist nur Gis moll möglich, da die Terz von Gis dur his (= c) ist. — Also:

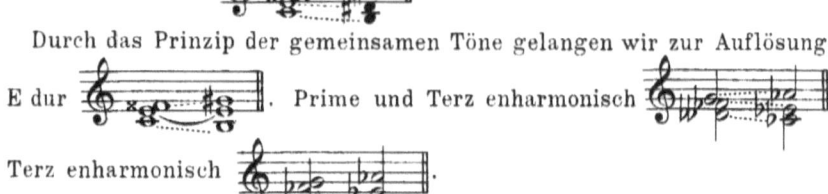

Durch das Prinzip der gemeinsamen Töne gelangen wir zur Auflösung E dur . Prime und Terz enharmonisch

Terz enharmonisch .

Als Grundsatz steht fest, daß das Kreuz aufwärts und das Be abwärts strebt. Gegen die **Rechtschreibung** (musikalische Orthographie) werden — auch von unseren Meistern! — leider oftmals Verstöße* begangen, die sich namentlich im Chorsatz (beim Einstudieren von Chören) schwer rächen. Es ist **nicht** gleich, ob der Sänger cis-d oder des-d zu singen hat. Die letztere Lesart wird ihm große Schwierigkeiten bereiten, obwohl auch sie richtig sein kann.

Fügt man dem C dur - Dreiklang die große oder übermäßige Sexte hinzu, so ergeben sich folgende Auflösungen:

Weitere Beispiele:

---

* Im Orchestersatz werden häufig enharmonische Töne geschrieben, weil sie für die transponierenden Instrumente leichter lesbar sind. Offenbar ein Übel! Früher hat man den Geigern im Orchester auch kein Doppelkreuz zugemutet.

Man ersieht aus den wenigen Beispielen, wie wichtig die musikalische Orthographie ist. **Die Möglichkeiten gehen ins Unendliche!** Da die Phantasie des Schülers nur angeregt, nicht bevormundet werden soll, muß es demselben überlassen bleiben, weitere Beispiele — auch in selbständigen Modulationen — aufzustellen.

XXVII. Sprung der Sexte.

Die Sexte tritt häufig (namentlich in Kadenzen) als Vorhalt oder Nachschlag auf, z. B.

Ebenso mit anderen Harmonien.

Sehr oft springt sie auch unaufgelöst in ein Intervall des nachfolgenden Akkordes oder bleibt liegen (Vorausnahme). Im Baß ist dieser

Sextensprung selten, in den Oberstimmen aber häufig, z. B.

Bach, Viol.-Sonate E dur.

Bruckner, VII. Symphonie.   Chopin, Ballade.   Chopin, Impromptu.

H. Wolf, Sp. Lieder.   ebenda   ebenda

Sehr interessant und lehrreich ist das schon im Kap. XXV erwähnte Wolf'sche Beispiel:

Hier ist die Sexte as Vorhalt, der liegen bleibt und zwar in einem durch Trugfortschreitung

erlangten Dreiklang as, c, es. Außerdem sehen wir, daß die Septime des $\frac{7}{5}$ (b) in die Quinte des folgenden Dreiklangs springt.
Also: oder

Grundform   Vorhalt   Trugfortschreit.   Sprung der   Sexte gebunden
$\frac{7}{5}$ von $\begin{cases}\text{F dur}\\\text{F moll}\end{cases}$ nach As dur   Septime
                              c gemeinsam

XXVIII. Sprünge in der Melodie.

Auch die melodische Linie kann durch **Sprünge** freier entwickelt werden, indem ein scheinbar unaufgelöster Ton in einen anderen akkordischen Ton sprunghaft übergeht. **Scheinbar** unaufgelöst deshalb, weil das Ohr das harmonische Fundament als Fortsetzung resp. Auflösung empfindet, z. B.

anstatt

u. s. w.

Stradella (1645).

Bruckner, IX. Syhmphonie.   ebenda.

XXIX. Die chromatische und Ganzton-Tonleiter.

A) Die chromatische Tonleiter besteht **nur** aus Halbton-Schritten, z. B.

Die Stufen der diatonischen Tonleiter, welche einen Ganztonschritt aufweisen, sind also in zwei Halbtöne zerlegt worden. **Aufwärts** geschieht das, wie schon früher gesagt wurde, durch Erhöhung (Kreuz), **abwärts** dagegen durch Erniedrigung (Be), mit Ausnahme jedoch der fünften Stufe (ges), welche 'als (fis) erhöhte vierte Stufe notiert werden muß, da sonst die Dur-Terz des Dreiklangs auf der Wechsel-Dominante fehlt, z. B.

E dur

As dur.

Die diatonischen Stufen sind durch halbe Noten gekennzeichnet.

Ebenso in Moll:
A moll (harmonisch)

A moll (melodisch)

u. s. w.

B) Die **Ganzton-Tonleiter** besteht aus sechs Ganzton-Schritten. Bei der siebenten Stufe tritt enharmonische Umdeutung ein.

Sie kann auf irgend einer Stufe gebildet werden, z. B.

Die chromatische Tonleiter ergibt zwei Ganztonreihen:

F dur.   E dur. (Blinde Oktaven.)

In Terzen. In Sexten.

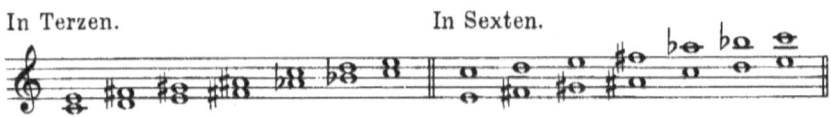

Dreiklänge auf diesem Fundament:

Septimenakkorde:

Nonenakkorde:

Diese Septimen- und Nonenakkorde als Grundlage für die Ganzton-Skala:

Auf Septimenakkorden.

Auf Nonenakkorden.

u. s. w.

Man ersieht aus diesen Beispielen, daß die alterierten Akkorde sich besonders als Grundlage für ganztonige Tonleitern eignen.

Bildet man auf der I Stufe einen Dreiklang (in der Ganzton-Skala) und schreitet in allen drei Stimmen im Ganztonschritt auf- oder abwärts, so entsteht eine Reihe von übermäßigen Dreiklängen (resp. Umkehrungen derselben).

In Gegenbewegung:

Die ganztonige Tonleiter läßt sich leicht harmonisieren, der Möglichkeiten sind unendlich viele. Der Schüler erprobe daran seine Fähigkeiten.

Der exotische, mystische Charakter dieser Tonleiter eignet sich vorzüglich als Ausdrucksmittel gewisser Stimmungen. Dem deutschen Empfinden ist sie jedenfalls wesensfremd und sollte daher maßvoll resp. nur aus zwingenden, künstlerischen Gründen angewendet werden.

Ein Beispiel aus meiner Ouverture „Am Rhein," welches zeigt, wie **mannigfaltig** das Fundament sein kann:

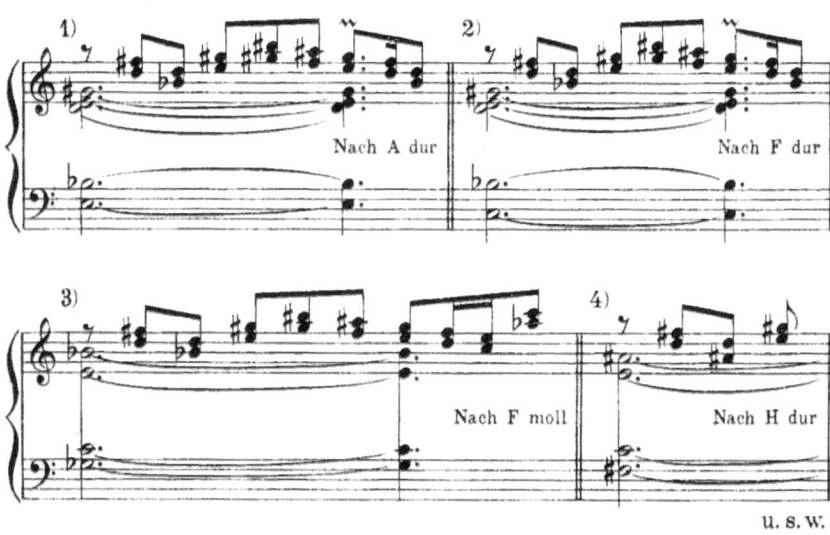

Literatur-Beispiele findet der Schüler bei Liszt, Verdi, Schubert und häufig — allzu häufig! — in den Werken der jüngsten Generation, namentlich aber bei den Franzosen (Debussy, Ravel, Roger-Ducasse, d'Indy) und den Russen (Scriabine). —

Erklingen die Töne eines Dreiklanges oder Akkordes nacheinander, so entsteht

XXX. Der gebrochene Dreiklang resp. Akkord.
(Figuration.)

Es ist sehr nützlich, Beispiele dieser Art in den verschiedenen Taktarten anzufertigen, z. B.

Auch der 4/8 Takt (meistenteils 2/4 im langsamen Tempo) ist 4 teilig, ebenso der 4/2 Takt:  (in kirchlichen Werken älterer Meister: ✖).

Seltene Taktarten: Beethoven, Op. 111, letzter Satz: 9/16, 3 teilig (9/8) und 12/32, (3/8). Tschaykowsky, Symphonie pathétique 5/4. — Ebenso sind möglich: 7/8, 7/4, 5/8 u. s. w. Hier kann noch viel getan werden.

Wenn der Studierende das vorliegende Material ernst durchgearbeitet hat, möge er mit der Harmonisierung von Chorälen und Volksliedern beginnen. Ratsam ist es, auch hier im Anfang einfache Mittel zu gebrauchen. Ist das Fundament solide, so wird sich leicht darauf ein festes, prächtiges Haus bauen lassen! *

---

* Im Anschluß an dieses Buch studiere der Schüler: Bernhard Ziehn, Fünf- und sechsstimmige Harmonien und ihre Anwendung.

Zum Schluß:

Der Schüler studiere täglich unsere **großen Meister**, namentlich aber Johann Sebastian Bach und immer wieder

BACH!

www.ingramcontent.com/pod-product-compliance
Lightning Source LLC
Chambersburg PA
CBHW021713230426
43668CB00008B/817